LIDERAZGO

Las habilidades del liderazgo para influenciar, el crecimiento personal, la motivación

(Mejorar la comunicación en los negocios e influir fácilmente en los miembros del equipo para lograr el éxito)

Clio Huerta

Publicado Por Daniel Heath

Liderazgo: Las habilidades del liderazgo para influenciar, el crecimiento personal, la motivación (Mejorar la comunicación en los negocios e influir fácilmente en los miembros del equipo para lograr el éxito)

ISBN 978-1-989853-52-8

Este documento está orientado a proporcionar información exacta y confiable con respecto al tema y asunto que trata. La publicación se vende con la idea de que el editor no esté obligado a prestar contabilidad, permitida oficialmente, u otros servicios cualificados. Si se necesita asesoramiento, legal o profesional, debería solicitar a una persona con experiencia en la profesión.

Desde una Declaración de Principios aceptada y aprobada tanto por un comité de la American Bar Association (el Colegio de Abogados de Estados Unidos) como por un comité de editores y asociaciones.

TABLA DE CONTENIDO

Parte 1

Introducción

Felicitaciones, has descargado Liderazgo: Mejore la Comunicación en los Negocios e Influencie a los Miembros del Equipo para Alcanzar el Éxito Fácilmente

Si está buscando desarrollar su capacidad de liderazgo por primera vez, es importante que tenga en cuenta que es simplemente una habilidad y que, como toda habilidad, puede ser mejorada y desarrollada con la práctica. Si ya cuenta con una comprensión sólida de los conceptos básicos, hay muchas formas y estilos de liderazgo que se discuten en éste libro, de los que también puede aprender. Independientemente de su nivel de liderazgo actual, aférrese al viejo adagio que dice "la práctica hace al maestro" y verá cómo se convierte en un líder más exitoso y efectivo a medida que van pasando los días, semanas y meses.

En los primeros tres capítulos se hablará

acerca de la importancia de pensar como un líder y de lo que realmente significa, antes de pasar a discutir cómo convertir esos pensamientos con acciones. Una vez que haya aprendido a pensar y actuar como líder, el capítulo 3 le habla acerca de cómo organizarlo todo y cómo saber cuándo se debe poner en práctica éstas habilidades. A partir de ese momento, en cada uno de los capítulos del 4 al 10, se hablará en detalle sobre los diferentes estilos de liderazgo y se explicarán los pros y contras de cada uno de ellos, así como cuándo es el mejor momento para implementar un estilo determinado y cómo hacerlo de la manera más efectiva posible.

Existen muchos libros acerca de éste tema en el mercado, gracias de nuevo por elegir éste. Se hizo un gran esfuerzo por asegurar que tuviera la información más útil posible, ¡disfrútelo!

Capítulo 1: Piense como Líder

La palabra líder significa muchas cosas diferentes para cada persona. Sin embargo, existen algunas consistencias en las diferentes y variadas definiciones. En el fondo, un líder es alguien que otras personas buscan para obtener nuevas ideas o en quien confían mientras ven las nuevas tendencias aparecer. Si bien, un título puede convertirlo en líder, superficialmente, convertirse en un verdadero líder requiere un poco más que eso. Afortunadamente, los siguientes trucos y consejos pueden hacer que la transición de líder designado por un título a verdadero líder, sea mucho más manejable.

Cuando se lidera un equipo es importante que aquellos, que se supone que deben seguirle, no perciban el temor que siente en su nueva posición. Sentir miedo por una nueva responsabilidad es algo natural; la forma en la que reacciona para manejarlo, es lo que le importa a los que lo siguen. Para ayudarle a encontrar la actitud adecuada, de tal forma que su equipo responda correctamente, se recomienda seguir los siguientes consejos.

Siéntase seguro

Al igual que con muchas habilidades interpersonales, es importante fingir que se siente seguro en su nueva posición, con el fin de ganar tiempo para obtener esa seguridad de manera natural. Todo nuevo líder tiene una ventana de tiempo, relativamente pequeña, para transmitirle a su equipo que es realmente la persona indicada para el trabajo y proyectarles seguridad, ya sea que la sienta o no. Esto es algo fundamental dentro de éste proceso.

La seguridad también puede ayudar a superar cualquier error de conocimiento inicial que pueda tener al ocupar una nueva posición. Estas situaciones son incómodas, sólo si lo permite. Si esto llega a suceder, simplemente admita tu falta de conocimiento en ese punto de una manera segura y enfóquese en cómo puede seguir adelante. El conocimiento específico y las habilidades de liderazgo no tienen nada que ver la una con la otra. Sin embargo, es importante que haga un esfuerzo por aprender constantemente y mejorar, a medida que avanza. Mientras más conocimiento adquiera, más seguro se sentirá.

Analice cuidadosamente sus primeras decisiones

Sus primeras decisiones como líder de un nuevo equipo de trabajo, establecerán las expectativas del equipo para el resto del tiempo que les quede por trabajar juntos, por lo que es importante analizarlas varias veces antes de actuar. Las decisiones que parecen ser tomadas de manera apresurada o severa, pueden hacerle ver como alguien que es duro con la gente por temas insignificantes; mientras que lo opuesto, puede hacer que el equipo sienta que, como pensaban, no tienen por qué hacer caso de su autoridad. En una situación como ésta, un enfoque medio que le haga ver como una persona razonable, pero firme, tiende a producir los mejores resultados. Al hacer esto, le permitirá al equipo sentir que son respetados y los animará a que den lo mejor de sí, siempre.

Sea la persona con más conocimiento en la sala

La manera más fácil de probarse a sí mismo con un nuevo equipo de trabajo, es demostrando sus competencias en la tarea que se les haya asignado. No saber algún detalle en específico al principio está bien, pero si con frecuencia no lo sabe, su equipo nunca lo respetará como líder. Saber en lo que se está metiendo hará más fácil proyectar confianza, lo que a su vez, hará que se acostumbre más fácilmente a su nueva posición. Lea con frecuencia libros especializados relacionados con su línea de trabajo y ponga en práctica lo que aprendió hasta que se vuelva algo natural.

Apéguese a sus decisiones

Un buen líder no solamente toma decisiones unilaterales, sino que sabe cuándo es apropiado o no solicitar un aporte al equipo. Permitirles participar en las decisiones puede ser una buena manera de hacer que respeten su liderazgo; pero, independientemente del tipo de decisión que esté tomando, una vez que la haya tomado, debe mantenerse en ella. A menos, que haya algo que le demuestre que la decisión tomada no es la correcta; nunca debe vacilar frente al equipo al momento de tomar las decisiones. En cualquier caso, si ellos están de acuerdo con sus decisiones o no, su equipo respetará, indudablemente, su habilidad para mantenerse firme en su posición, cuando sea realmente necesario.

Conozca a su equipo

Esta es una cuerda floja muy difícil de caminar para muchos líderes, puesto que es muy importante conocer a las personas con las que se está trabajando y, al mismo tiempo, estar lo suficientemente alejado como para mantener el control, cuando las cosas se están saliendo de su cauce. Tómese el tiempo para conocerlos, en los lugares adecuados, y aclararles que realmente se preocupa por ellos, como las personas que son. Recuerde, un líder no es nadie sin su equipo. Si su equipo sabe que se preocupa por ellos, le ayudará a actuar de una manera más natural a su alrededor, lo que se traduce en una mayor confianza. También es de ayuda para que acepten las decisiones difíciles que tenga que tomar de manera inevitable, porque saben que, en última instancia, se preocupa por ellos.

Conocer verdaderamente a su equipo y preocuparse por ellos, no quiere decir que los mime o que les permita dictar los términos de su relación. Debe recordarles que Usted es el líder por una razón y que, por definición, le deben tener en cuenta para decidir lo que es mejor para todos. Asegúrese de escuchar siempre las quejas, ideas o preguntas que tenga su equipo, pero tenga presente que un líder debe tomar decisiones difíciles, incluso aunque no sean los más aceptable.

Comparta el crédito, asuma la culpa

Cuando se trata de alcanzar el éxito como equipo, los malos líderes tienden a acaparar el crédito, pero los buenos líderes hacen saber que el logro alcanzado no se hubiera podido conseguir sin el aporte de cada uno de los individuos que hicieron parte del trabajo. Los líderes que acaparan el crédito pasan de largo, los líderes que comparten el crédito son recordados. Ser el líder también significa proteger al equipo, si su equipo falla, esa culpa debe recaer directamente en Usted y en nadie más. Si su equipo teme ser responsabilizado personalmente por cada error, nunca buscará el éxito por miedo a equivocarse.

Capítulo 2: Actúe como un Líder

Una vez que se aprende a pensar como líder, se vuelve más fácil actuar como tal. Mientras se ocupa de su día a día, ponga en consideración las siguientes acciones y las consecuencias que pueden tener para su equipo.

Hable cuidadosamente

Cuando sólo era un miembro del equipo y olvidaba hacer algo en lo que se había comprometido, podía admitir su error, asumir las consecuencias y seguir adelante. Pero como líder, su equipo espera que mantenga su palabra, incluso si la conversación se dio de paso y no estaba prestando mucha atención, ya sea por una razón válida o no. Su equipo necesita poder confiar en que convertirá sus palabras en acciones, por lo que es importante ser muy cuidadoso con las promesas que se hacen.

Nunca prometa algo que Usted mismo no pueda implementar. Si es necesario, prometa que lo revisará con la cadena de mando, y siempre cumpla, pero nunca prometa algo en lo que no tiene la autoridad suficiente para cumplir. Algunas promesas incumplidas, así sea que se hayan hecho con la mejor intensión, harán que su equipo cuestione rápidamente su palabra.

Luzca como un líder

Sólo tiene una oportunidad para dar una primera buena impresión a su equipo. Es importante que se vista de una manera profesional al hacerlo. El atuendo apropiado para un líder depende de una gran variedad de factores. Cuando esté decidiendo qué usar, piense en lo que llevaba puesto su anterior líder de equipo y empiece por ahí. No hay nada de malo en que le agregue su propio estilo personal de vez en cuando, pero para comenzar apéguese al status quo.

Esto le transmitirá a su equipo que está seguro de sus habilidades y que las cosas continuarán tan bien como con el líder anterior. Asegurarse que está bien plantado es tan importante como llevar puesta la ropa correcta. Desea dar la impresión que maneja la pelota y está listo para la acción. Una apariencia descuidada, incluso si está dentro de los estándares locales, dice lo contrario.

Siga su propio ejemplo

Si desea que su equipo llegue temprano, trabaje hasta tarde, siempre esté preparado y trabaje tan duro como sea posible, debe estar dispuesto a hacer un esfuerzo adicional con ellos. Un líder que predica acerca del trabajo duro y los sacrificios, pero que no se compromete con ninguno, no es la clase de líder a la que un equipo seguirá por mucho tiempo. Algunas veces, ser un líder significa obedecer las reglas establecidas por alguien más arriba en la cadena de mando. Su equipo asumirá los cambios difíciles de una mejor manera, si saben que está con ellos en la práctica y no sólo en espíritu.

Esto se aplica tanto a los cambios positivos como a los negativos. Su equipo seguirá su liderazgo. Si quiere tener un espacio de trabajo colaborativo más abierto, involucre a su equipo. Si desea que tomen más la iniciativa, tome la decisión de dejarlos tomar sus propias decisiones. "Haz lo que te digo y no lo que hago" es algo que puede funcionar cuando se es niño, pero su equipo de trabajo detectará cualquier tipo de hipocresía y eso envenenará su relación permanentemente. Apéguese a la uniformidad cuando se trata de aplicar reglas a quien corresponda.

Ayude a su equipo a crecer como individuos

Su equipo es tan fuerte como el más débil de sus miembros, por lo que es importante incentivarlos a crecer bajo su liderazgo. Para asegurarse que esto suceda, tómese el tiempo para conocer a cada miembro de su equipo y a sus fortalezas y debilidades específicas. Ofrézcales oportunidades de liderazgo propias y formas en las que pueda ayudarlos a brillar y, al mismo tiempo, mejorar el equipo. Cada uno tiene algo único que ofrecer, un buen líder puede determinar qué es y ayudar a nutrir esas fortalezas, para el bien de todos.

Hágase asequible

Dependiendo de su situación, cambiarte a una posición de liderazgo puede traer consigo una cierta desconexión del grupo, que puede variar de una actitud un poco distante, a una actitud intimidante, en todo sentido. Si bien es importante cultivar una relación positiva no muy amigable con su equipo, es igual de importante asegurar que ellos pueden acudir a Usted con cualquier pregunta o inquietud que puedan tener. Una buena manera de fomentar éste tipo de comportamiento es hacerles preguntas regularmente.

Pedirles su opinión de manera regular los alentará a dar su punto de vista en diferentes situaciones, porque están seguros que su opinión le interesa. Esto puede ser permanente, lo único que debe hacer es empezar a hacerlo. Pregúnteles lo que piensan que se debe hacer en determinada situación, cómo están o incluso, cómo se sienten con su labor en el trabajo que están realizando actualmente o en general. Déjeles saber que cree que todos pueden tener ideas útiles, sin importar la posición que tengan.

Evite liderar tanto como pueda

Un buen líder nutre su equipo de manera tal que ellos mismos se auto-corrijan y se mantengan comprometidos con la tarea asignada. Como tal, es importante nutrir su equipo proporcionándoles las herramientas que necesitan para tener éxito y creando un ambiente de trabajo positivo que asegure que desearán seguir adelante, incluso si Usted no está vigilando sobre sus hombros cada minuto.

A menudo, los nuevos líderes luchan con el deseo de micro-gestión, sólo para asegurarse que las cosas están progresando adecuadamente. Si bien, esa es una forma válida de liderar un equipo, los líderes que fomentan un tipo de actitud correcta entre los miembros, tienden a tener niveles de estrés más bajos y la productividad de su equipo es mayor cuando ellos no se encuentran siempre alrededor. Es importante considerar formas de liderazgo más sutiles, que no sea simplemente atacar una situación con su punto de vista específico. Encontrar formas de asegurar que su equipo halle la solución adecuada por sí mismo, significa que ellos lo harán en caso que Usted no se encuentre disponible para hacerlo.

Prepárese apropiadamente

Cualquiera puede reaccionar a las diferentes situaciones a medida que se van presentando; se necesita de un buen líder para prepararse para situaciones de las que el resto del equipo no está al tanto. Si puede crear un ambiente de trabajo positivo que asegure que los miembros del equipo están empoderados lo suficiente como para tomar sus propias decisiones y son felices y están comprometidos de tal forma que lo harán sin su constante micro-gestión, entonces Usted tendrá tiempo para enfocarte en las cosas más importantes. Esto, a su vez, asegurará que estará preparado para lo peor, sin importar lo que implique, lo que también asegura que su equipo podrá capotear el toro, sin importar lo que venga.

Capítulo 3: Practique el Liderazgo

Para poner en práctica lo que significa ser un líder, se debe entender cuándo es importante intervenir y cuándo se debe hacer a un lado. Aquí encontrará algunas sugerencias que le ayudarán a determinar los mejores momentos para actuar como líder.

Reconozca un problema cuando lo vea

Como líder, debe conocer a su equipo lo suficientemente bien como para saber cuándo pueden manejar las tareas por sí mismos y cuándo debe intervenir. Para practicar mejor éste arte, debe conocer cuáles son sus talentos específicos y cuándo es el mejor momento de permitir que otros manejen una situación. Del mismo modo, debe aprender a conocer las señales de advertencia que indican que existe algún problema de manera individual, con el fin que pueda intervenir cuando se requiera. Un buen líder puede evitar que se presenten problemas y evitar desastres sin que nadie lo sepa.

Ejerza bajo presión

Cómo nuevo líder, es posible que poco después de haber asumido su nuevo rol, se encuentre en una situación en la que pueda demostrar sus habilidades a su nuevo equipo. En caso que esto no suceda, puede que llegue a necesitar de un pequeño empujón. Si esa es la situación, es importante encontrar un inconveniente con el que el equipo se encuentre lidiando y hacerles saber que encontrará la forma de solucionarlo. Una buena forma de empezar es con las condiciones físicas en las que trabaja el equipo, la extensión de un plazo difícil o el compromiso de resolver un problema interpersonal en particular. Siempre debe ser algo que tenga un impacto real en el día a día del equipo (dentro de lo razonable)

En éste caso, se debe elegir un problema que sea lo suficientemente importante como para que sea notado, pero lo suficientemente pequeño como para que lo pueda manejar por Usted mismo, con la participación del equipo, y para el que se pueda preparar. Después que se haya hecho cargo del problema que eligió, debe quedarse callado para no llamar la atención del equipo. Si ellos logran descubrir que tuvo éxito, sin que se los diga, lo apreciarán más. Después que haya logrado su primera victoria, es importante que su éxito crezca como una bola de nieve hacia nuevas direcciones.

Tenga un plan

Como el líder que es, es importante que tenga claro tanto las metas pequeñas como las grandes metas que el equipo está tratando de alcanzar. Aún, si no está completamente comprometido con un proyecto en particular, debe tener claro lo que está sucediendo con ese proyecto y cómo está interconectado con las grandes metas que se quieren lograr. Está bien que permita que su equipo trabaje de manera autónoma en gran parte de los proyectos pequeños, pero ellos confían en que Usted sepa hacia dónde van las cosas, algo que no se puede dejar al azar, pues su equipo podría desequilibrarse y desviar el rumbo.

Tener un plan no quiere decir que sea inflexible al punto de llegar a ser rígido. Por el contrario, significa que tiene una idea de a dónde se dirige el equipo. Es perfecto que su plan cambie a medida que su equipo cambia, siempre y cuando se tenga una idea clara de hacia dónde se dirige el equipo y por qué. Si no está seguro de cuál debe ser su plan, empiece por echarle un vistazo a su equipo. Analice a cada miembro del equipo y piense en cómo le gustaría que creciera en los siguientes 6 meses. Piense acerca de sus fortalezas y debilidades, y cómo se podría maximizar lo mejor de cada uno para el bien de los demás.

Finalmente, enfóquese en cómo los puede ayudar a llegar hasta allí. Haga esto con cada uno de ellos y vea cómo se complementan el uno al otro. ¡Felicitaciones, ahora ya tiene un plan!

Comparta su plan

Una vez que tiene un plan en mente, debe compartirlo con el equipo, obtener su retroalimentación y asegurarse que cada uno de ellos le compre la idea acerca de su visión del futuro. Una vez que el equipo lo haya aceptado como su líder y le haya comprado la idea de su plan para el futuro, puede esperar que ellos dejen de trabajar para Usted y empiecen a trabajar con Usted, con el fin de alcanzar objetivos mutuamente beneficiosos. Un líder efectivo puede asegurar que su equipo cumpla con todas las metas, un buen líder se asegura que su equipo quiera cumplir con todas sus metas. Si bien puede ser un reto presentar un plan y pedir su retroalimentación a un equipo no evaluado, éste es un paso crucial para hacer que el equipo deje de actuar como un grupo de gente que trabaja junta y empiece a comportarse como un verdadero equipo. Ésta es la marca de un verdadero líder.

Capítulo 4: Estilo de Liderazgo Autocrático

Un estilo de liderazgo autocrático, es un estilo de gestión donde el líder del equipo tiene el control completo sobre todo lo que hace el equipo. Ésta variedad de liderazgo tiende a enfocarse bastante en la micro-gestión y ha caído en desgracia en algunos círculos. Sin embargo, ofrece algunos beneficios tangibles y una gran cantidad de empresarios exitosos utilizan éste estilo, incluyendo a Donald Trump, Martha Stewart y Steve Jobs.

Beneficios

- *Adaptabilidad:*Son una persona en completo control, un equipo puede pivotear fácilmente de acuerdo a cómo lo requieran las fuerzas externas, porque tan pronto como el líder se da cuenta de una tendencia emergente, puede actuar sin consultar a su equipo u otros líderes para formar un consenso. Esto ayuda a garantizar que el equipo no se quede atrás en la competencia y pueda adaptarse a las necesidades cambiantes del cliente sin perder el ritmo.

- *Vigilancia:Si descubre que su equipo tiene la costumbre de holgazanear, entonces el estilo de liderazgo autocrático podría ser para Usted, ya que así mantendrá controlados a sus empleados. Utilizando éste método, virtualmente se asegura que ellos piensen que Usted siempre va a estar mirando sobre sus hombros. Esto casi que puede asegurar que se mejorará la rapidez del trabajo y la productividad en general, puesto que el equipo sentirá que Usted confía menos en que ellos trabajen productivamente por su cuenta. Un estilo de liderazgo autócrata garantizará una mayor producción de trabajo mientras que Usted se encuentra cerca, pero debe esperar menos períodos productivos cuando no esté por allí para estar al tanto de lo que están haciendo.*

- *Responsabilidadtotal:Si Usted es el tipo de persona que disfruta no tener que pedir ayuda a los demás, entonces un estilo de liderazgo autocrático puede funcionar para Usted. Puesto que está en completo control, no necesita pedir permiso a nadie y el éxito o fracaso de su equipo recae completamente sobre sus hombros. Si esto le suena a que es para Usted, entonces éste estilo de liderazgo reducirá sus niveles de estrés del día a día.*

- *Menos burocracia:Las compañías que implementan un estilo de liderazgo autocrático, tienden a tener menos niveles de administración puesto que cada líder no necesita un líder auxiliar de administración por encima para autorizar sus decisiones. Estas compañías suelen ser más ágiles y menos propensas a fomentar la ineficiencia dado que cada líder es completamente consciente de su poder*

*y, por lo tanto, es más probable que se
dé cuenta tan pronto como se presenta.*

¿Cuándo utilizarlo?

Si ve a su equipo en una posición donde el
fracaso simplemente no es una opción,
entonces puede encontrar el control extra
que necesita en un estilo de liderazgo
como el autocrático. Del mismo modo, a
menudo es la elección correcta cuando se
requiere de una puesta en práctica estricta
de las políticas, puesto que es la única
manera de prevenir que su equipo se
lastime a sí mismo o a otros. Este suele
ser el caso cuando la mayoría de los
miembros del equipo no tiene experiencia
con los detalles de la tarea en cuestión,
que es complicada y potencialmente
peligrosa.

Si bien, una forma de liderazgo autocrático
puede ser útil, es importante tener en
cuenta que suele ser visto como
paternalista y rígido, a pesar de las razones
que se hayan tenido para implementarlo.

Si su equipo operaba antes de una manera más independiente, debe ser consciente que verá cierta inquietud de parte de ellos. Si éste es el caso, entonces es recomendable explicarles el motivo que tuvo para implementar éste estilo de liderazgo en un momento en particular y así hacer que la transición sea más fácil. Los equipos en los campos de la construcción, la manufactura y la milicia tienden a adaptarse a éste tipo de liderazgo con mayor facilidad.

Maximizar la efectividad

Este tipo de liderazgo tiende a funcionar mejor cuando todo el equipo puede ponerse de acuerdo en una meta apremiante que está afectándolos a todos. Con un objetivo en común, es más probable que el equipo se alinee cuando sea necesario y reciba sus órdenes de manera más natural. Incluso, si se encuentra en una situación que alimenta el estilo de liderazgo autocrático, es importante equilibrar cuidadosamente el logro de la meta deseada con la moral de su equipo en general. Esto quiere decir que debe pensar muy bien acerca de las exigencias que hace y a quién se las hace.

Ser un líder autócrata no significa hacer las cosas siempre a su manera, sino que se debe considerar cuidadosamente la tarea en cuestión como un rompecabezas y tener en cuenta a su equipo, como las piezas con las que cuenta para completarla. Por tanto, así como es importante mantener contento a su equipo, también lo es el hacer cumplir lo que se sabe que se necesita hacer para asegurar el cumplimiento de la meta del equipo. Una forma fácil de asegurar que su equipo se mantiene contento y a la vez productivo, es explicarles claramente los objetivos y los pasos que se deben seguir para completarlos. Una vez que su equipo tiene claro cuál va a ser el resultado de sus sacrificios, será más fácil que hagan lo que se requiere que hagan.

Finalmente, siempre se debe ser

consistente cuando se trata de hacer cumplir las reglas que se han establecido. Si son claras y detalladas, es muy probable que su equipo acepte la necesidad de un liderazgo autocrático; sin embargo, éste no será el caso si se tiene la sensación que existe favoritismo. Si dentro del equipo se percibe que hay algún tipo de preferencia o trato especial, éste se desintegrará rápidamente. Hay que evitar que esto suceda, lo que aplica para un miembro del equipo aplica para el equipo completo, esto lo incluye a Usted.

Capítulo 5: Estilo de Liderazgo Coaching

El objetivo principal del estilo de liderazgo coaching es asegura que Usted está haciendo todo lo que se necesita para ayudar a su equipo a aprender y a crecer como individuos y como miembros del equipo. Aquellos que practican éste tipo de liderazgo son más propensos a dejar que su equipo haga lo que ellos crees que es correcto y a considerar el potencial de cada miembro del equipo y no necesariamente su desempeño en el pasado. Como líder coaching, estará feliz si su equipo desarrolla una actitud que les permita continuar aprendiendo de manera independiente.

Beneficios

- *Eleva la moral:Aquellos que implementan el estilo de liderazgo coaching tienden a darse cuenta que la moral del equipo aumenta por la atención individual y la prueba física* que muestra que Usted se interesa por sus vidas. Es importante explicarle a cada empleado que Usted ve su gran potencial y que desea ayudarles a alcanzarlo; de lo contrario, éste estilo puede parecer un tipo de micro-gestión.

- Aumenta la lealtad:Cuando su equipo tiene una sensación real que Usted se preocupa por ellos y desea verlos progresar, logrará que estén más dispuestos a sacrificarse por Usted y por el bien del equipo. Guiar a su equipo al éxito personal hará que ellos, de manera natural, estén dispuestos a trabajar duro para ver al equipo triunfar.

- Incrementa la eficiencia:El estilo de liderazgo coaching funciona mejor cuando Usted está dispuesto a hacer un esfuerzo adicional ahora, a cambio de un incremento en la productividad más adelante. Si Usted presiona a su equipo para que sean mejores por *ellos mismos, esto se verá reflejado en sus contribuciones, pero toma tiempo. Si necesita ver resultados reales, muy pronto, entonces éste es el momento para continuar con éste estilo de liderazgo.*

- *Disminuye el estrés*:De Nuevo, esto es más un beneficio a largo plazo; pero, una vez que lucha por ayudar a su equipo a progresar por ellos mismo, se dará cuenta que ahora está menos estresado porque su equipo está trabajando de la mejor manera posible. Esto es similar a enseñar a alguien a pescar, al hacer que los miembros de su equipo se superen, en realidad habrá logrado que todo el equipo lo haga.

¿Cuándo utilizarlo?

Cuando se está pensando en implementar un estilo de liderazgo coaching, es importante responder primero las siguientes preguntas clave:

- ¿Qué miembros del equipo necesitan coaching?¿Quieren el coaching?

- ¿Qué objetivos tengo para los miembros del equipo que están recibiendo coaching?¿Son realistas?

- ¿Cuál es plazo? ¿Interferirá con los objetivos del equipo completo?

- ¿Puedo proporcionarles de manera adecuada lo que necesitan para mejorar?

- ¿Confían los miembros del equipo en mí?

A menos que conozca a los miembros del equipo en cuestión, se debe asegurar que ellos confían en Usted para que el coaching sea efectivo, de otra forma, será un ejercicio inútil. Esto hace que el estilo de liderazgo de coaching sea mejor para aquellos líderes que ya han formado un lazo con su equipo y han demostrado su eficacia como líderes. Del mismo modo, es importante adoptar éste estilo de liderazgo sólo si sabe que tiene el tiempo para ejecutarlo hasta el final. Ninguna de las partes ganará nada si el entrenamiento de los miembros del equipo queda a la mitad del proceso. Piense cuidadosamente acerca del coaching si no desea terminar perdiendo su tiempo.

Maximizar la efectividad

Cuando se trata de un coaching efectivo, asegúrese que una de las principales cosas que promueve es actuar con autonomía. El enfoque principal debe ser maximizar el potencial de los miembros de su equipo, pero debe quedar claro que es importante para ellos que sigan buscando mejorar por su cuenta. Esto tendrá la ventaja de hacerlos más eficientes al momento de conseguir los objetivos del equipo, sin que se deba invertir tiempo realizando una micro-gestión detallada.

Mientras trabaja con los miembros del

equipo, debe mantener un estado mental en el que acepte a los miembros de su equipo como individuos que tienen sus propios defectos. Puede ser muy difícil ver a un miembro de su equipo tropezar cuando sabe que tiene mucho potencial, pero enojarse sólo hará que el proceso de crecimiento tome más tiempo de lo planeado inicialmente.

Asegúrese de tener expectativas razonables para los miembros de su equipo y así sus esfuerzos por entrenarlos serán menos estresante. Debe discutir con los miembros del equipo acerca de los motivos por los que solicitó el coaching y ser claro acerca de sus expectativas y las razones detrás de ellas. Existe una diferencia entre esto y una completa transparencia, puesto que al compartir sus pensamientos acerca del progreso de cada uno puede que no beneficie a nadie. Mantenga un pensamiento y actitud positiva acerca de los miembros del equipo y así notará una mejora en sus resultados de manera inmediata.

Capítulo 6: Estilo de Liderazgo Laissez-Faire

El estilo de liderazgo laissez-faire está tan lejos de la micro-gestión como se lo pueda imaginar. La filosofía principal detrás de esto es que los miembros del equipo trabajan mejor cuando se les deja solos, puesto que ellos saben mejor lo que deben hacer para lograr que el equipo tenga éxito. Los líderes laissez-faire tienden a mantener cierto nivel de delegación en el equipo completo, lo que tal vez es el motivo por el que tienden a obtener como resultado un mayor tiempo de productividad ininterrumpida. Algunos de los principales proyectos históricos completados utilizando el estilo de liderazgo laissez-faire incluyen el Ferrocarril Transcontinental, el Canal de Panamá y la Represa Hoover.

Beneficios

- *Permite que los miembros del equipo*

se sientan libres*: Estando bajo un estilo de liderazgo laissez-faire, los miembros del equipo tienen a sentirse más empoderados para alcanzar el éxito por su propia cuenta. Infortunadamente, a menos que ya se esté trabajando para garantizar que todos se encuentran comprometidos con la tarea y listos para trabajar por sí mismos, a menudo verá que hay quien se aprovecha de esa libertad adicional para ser menos productivo.*

- **Asegura productos de mejor calidad:**Cuando el equipo se encuentra enfocado en hacer las cosas lo menor posible de la manera que ellos elijan, es más probable que el resultado final sea de la más alta calidad, mejor que en cualquier escenario donde el cronograma de finalización es más firme. Eventualmente su equipo presentará algo asombroso, siempre y cuando Usted esté dispuesto a esperar mientras que ellos decidan cuándo han terminado.

- **_Disminuye el estrés:_**El equipo se siente con menos estrés cuando sabe que no tiene que reportar directamente a nadie y que debe alcanzar sus objetivos con un cronograma artificial. Como líder, el estilo de liderazgo laissez-faire puede llegar a ser menos estresante si su equipo se encuentra auto-motivado y encaminado a cumplir con sus metas. Pero puede llegar a ser lo contrario si su equipo utiliza el exceso de libertad para holgazanear.

¿Cuándo utilizarlo?

Si su equipo está trabajando con un objetivo vagamente definido o uno que es propenso a cambiar regularmente, entonces éste estilo de liderazgo es justo el que le dará a todos la libertad de adaptarse a los mejor a los requisitos cambiantes. Si tiene confianza en los individuos que hacen parte de su equipo y en su habilidad de trabajar constantemente sin supervisión, entonces éste es el estilo correcto para su equipo. Aquellos que trabajan en situaciones donde deben actuar ágilmente, como los compradores minoristas o las firmas promocionales, tienden a tener mejores resultados con el estilo de liderazgo laissez-faire.

Esto también aplica para los equipos que se encargan de los aspectos más creativos, empresas nuevas o aquellos más interesados en el diseño que en los productos físicos. Si siente que la innovación será parte importante de la estrategia de su equipo, entonces poner en consideración un enfoque de no-intervención podría tener mucho sentido. Seguramente, si su equipo se encuentra dotado de expertos en un campo en específico, también tiene sentido dejarlos hacer aquello para lo que fueron contratados. De hecho, una buena regla de oro es que mientras más experiencia tenga su equipo, es más factible que pueda implementar el estilo de liderazgo laissez-faire. Por el contrario, si se encuentra atascado con un puñado de inexpertos, entonces alístese para hacer micro-gestión.

Maximizar la efectividad

Implementar el estilo de liderazgo laissez-faire de manera efectiva se trata de conocer a su equipo y las fortalezas y debilidades de cada individuo. Si bien pareciera que se está quedando fuera del camino de los demás, en realidad, éste tipo de estrategia de liderazgo requiere de una planeación previa significativa y de una constante retroalimentación acerca del desempeño del equipo. Es importante manejar esto desde el principio y no asumir simplemente que se mejorará con el tiempo. Renunciar al control directo sin una comprensión firme de su control indirecto es, sencillamente, la receta para el desastre.

Como líder laissez-faire, debe tener una forma indirecta de monitorear el progreso general del equipo para alcanzar su meta y al mismo tiempo, una sistema alterno para asegurar discretamente que cualquier ineficiencia será corregida a tiempo. Puede ser a través de reuniones de equipo rutinarias o de discusiones informales con miembros clave del equipo, todo dependerá de la composición de su equipo y de la forma en la que trabajan juntos. Planifique los detalles con anticipación para que no entre en ésta transición a ciegas. Solo porque los miembros de su equipo se pueden monitorear ellos mismos, no quiere decir que no necesitan que Usted esté pendiente de ellos.

Como tal, es más importante conocer realmente a su equipo antes de intentar implementar este tipo de liderazgo, ya que hacerlo sin haber hecho la tarea como líder puede llevarlo a problemas más grandes. Sólo se debe cambiar a éste estilo de liderazgo si se está seguro que obtendrá buenos resultados. Cualquier paso en falso en éste estilo de liderazgo hará que se encuentre con rechazos y resentimientos, puesto que será visto como algo más invasivo que el estilo de liderazgo anterior. La conclusión es que si se encuentra inseguro acerca de cómo se comportará su equipo al trabajar bajo un estilo de liderazgo laissez-faire, entonces debería evitar implementarlo a toda costa hasta que se encuentre seguro que obtendrá resultados.

Capítulo 7: Estilo de Liderazgo Circunstancial

A diferencia de los otros tipos de liderazgo sugeridos, el estilo de liderazgo circunstancial propone que no existe una forma correcta para interactuar con su equipo y que debe ir cambiando a medida que se van presentando las diferentes situaciones. De acuerdo a éste estilo, hay 4 tipos principales de comportamiento que un buen líder debe adoptar cuando está interactuando con su equipo.

- El que ordena: Este tipo de comportamiento puede ser observado cuando le está dando a su equipo instrucciones que espera que ellos sigan sin proporcionar retroalimentación.

- El que persuade: Este tipo de comportamiento es el mismo que el que ordena, excepto que, como líder, Usted está haciendo un esfuerzo adicional para asegurar que el equipo entiende por qué Usted le está dando esas instrucciones. En ésta situación, es importante convencerlos que sus directrices están enfocadas en lo mejor para el equipo.

- El que participa: Este tipo de comportamiento ocurre cuando le solicita a su equipo un aporte antes de determinar el curso de acción indicado. Es menos posible que el resultado final de éste tipo de comportamiento termine como que Usted es el líder que ordena o persuade.

- El que delega: Este tipo de comportamiento sucede cuando Usted se encuentra a gusto con su equipo como para idear soluciones de alto nivel y deja la implementación a miembros específicos del equipo.

La idea principal detrás del estilo de liderazgo circunstancial es que, como líder, es su trabajo evaluar al equipo y la situación actual en la que se encuentra para determinar el mejor curso de acción para poder seguir adelante. Para esto, el primer paso es establecer el nivel de madurez de su equipo o de los miembros del equipo asignados a una tarea específica.

- *M1: No se puede confiar en que un equipo o el miembro de un equipo con un nivel de madurez 1 pueda completar cualquier tarea sin una directa supervisión. Esta desconfianza pude deberse a una falta de voluntad o inhabilidad para completar la tarea en cuestión.*

- *M2:*Un equipo o el miembro de un equipo con un nivel de madurez 2 aún no se encuentra en la capacidad de completar de manera confiable o asumir tareas por sí mismo, pero está listo y ansioso para dar lo mejor de sí. Posiblemente sea nuevo en el equipo, pero está feliz de estar allí.

- **M3**:Un equipo o el miembro de un equipo con un nivel de madurez 3 posee las competencias básicas que se requieren para completar una tarea por sí mismo, pero carece de la voluntad o la experiencia para sentirse capaz de manejar las cosas sin la supervisión o el aporte del líder.

- **M4**:Un equipo o el miembro de un equipo con un nivel de madurez 4 ha pasado por todo lo anterior antes y está listo, con la voluntad y disponible para asumir cualquier responsabilidad que se le asigne. Lo que es más, completará de manera confiable las tareas asignadas sin la directa supervisión del líder.

Además del nivel de madurez de su equipo/miembros del equipo, se debe tener claro su nivel de desarrollo y así poder mejorarlo lo mejor posible.

- **D1**: *Los* equipos o los miembros de un equipo con un nivel de desarrollo 1 es incapaz de llevar a cabo las tareas sin supervisión y tampoco se encuentran comprometidos con la consecución de los objetivos del equipo.

- **D2:***Los* equipos o los miembros de un equipo con un nivel de desarrollo 2 están comprometidos con las tareas que tienen en sus manos, pero no han desarrollado sus habilidades lo suficiente, al punto que sean capaces de hacerlo sin supervisión.

- **D3:** *Se puede asumir que los* equipos o los miembros de un equipo con un nivel de desarrollo 3 son capaces de completar las tareas sin una supervisión directa, siempre y cuando puedan ser convencidos de la importancia de la tarea, algo que no está garantizado.

- **D4:**Se puede decir que l*os* equipos o los miembros de un equipo con un nivel de desarrollo 4 están extremadamente comprometidos con sus tareas y con la finalización de las mismas.

Una vez que ha determinado tanto el nivel de madurez como de desarrollo de su equipo en general, así como de cada individuo, puede empezar a variar su estilo de liderazgo usando el que se ajuste a la tarea que tienen entre manos.

- *M1/D1*: Para aquellos que se encuentran en estos grupos, se les debeinvolucrar por medio de las órdenes, pero respaldadas por la persuasión, cuando sea apropiado. Usted desea venderle a estos miembros del equipo la importancia de los objetivos trazados, si alguna vez espera que sean miembros productivos del mismo.

- *M2/D2*: Para aquellos que se encuentran en estos grupos, se les debe involucrarpor medio de órdenes constantes para asegurarse que están al tanto. También es importante involucrarlos con la participación, después que Usted los haya involucrado con las órdenes, para que aprendan a pensar por sí mismos.

- **M3/D3**: Los M3's carecen de confianza, por lo que se les debe involucrar por medio de la participación, para que sepan que sus ideas son válidas y también a través de la delegación, para que puedan darse cuenta que son capaces de manejar tareas complejas. A los D3's, se les debe involucrar a través de la participación para asegurar que entienden dónde tienen un problema con el compromiso, antes de mezclarse con el estilo correcto y así asegurar que se vuelven más comprometidos.

- **M4/D4**: Para aquellos que se encuentran en estos grupos, es perfectamente aceptable involucrase en la participación, puesto que Usted entiende sus ideas y al mismo tiempo para que Usted practique la delegación sin preocuparse acerca de los resultados. Dependiendo de la disposición de los M4/D4, también se les puede asignar tareas con miras a ayudar a mejorar a los del nivel 1 y supervisar a los del nivel 2.

Capítulo 8: Estilo de Liderazgo Carismático

Este estilo de liderazgo puede ser más difícil de cultivar para algunos que para otros. Dicho esto, si puede manejar el ser carismático, eso puede hacer que llevar el día a día como un líder sea mucho más manejable. Los líderes carismáticos harán que su equipo desee seguirlo, simplemente porque les parece muy agradable. A diferencia de otros estilos de liderazgo, ser un líder carismático está más definido por Usted y sus características personales, que por los de su equipo. La Madre Teresa, Martin Luther King Junior y Winston Churchill, todos ellos eran líderes carismáticos.

Beneficios

- **Cohesión:** *Si Usted es un*líder carismático, se dará cuenta que su equipo se reúne fácilmente alrededor de un objetivo común porque cree en

Usted y en su visión. Esto, naturalmente, causará un incremento en el flujo de trabajo y hará que su equipo sea más productivo.

- ***Los miembros del equipo sienten que los valora:***Parte de ser carismático es que su equipo entenderá cómo se siente Usted con respecto a ellos y sentirán que todos están juntos en esto. Como resultado, será más fácil para Usted convencerlos de trabajar más arduamente.

Determine su nivel de carisma

Ser carismático puede hacer que ser un líder sea una experiencia mucho más natural. Si no se siente seguro si Usted muestra cualidades para ser un líder carismático, analice las siguientes características de muchas personas carismáticas.

- ¿Es sensible con las necesidades de los demás y, al mismo tiempo,trabaja sobre esa sensibilidad de manera que produzca resultados positivos?

- ¿Es Usted elocuente?

- ¿Ve las tendencias emergiendo antes que otros lo hagan?

- ¿Está dispuesto a arriesgarse por una mayor ganancia?

- ¿Se conforma con los paradigmas existentes?

- ¿Cómo es su lenguaje corporal?

Aquellos que muestran un estilo de liderazgo carismático se sienten cómodos manejando su imagen y utilizando sus relaciones personales para suavizar los problemas del equipo. Confían en sí mismos y en sus equipos, y lo demuestran a través del uso de un lenguaje corporal y señales auditivas dominantes, cuando está lidiando con algo que amenaza al equipo; y un lenguaje corporal y señales auditivas cercanas, cuando está tratando con miembros del equipo. Comprenden cuán importante es asegurar que cada miembro del equipo sienta que Usted piensa que es la persona más importante en la sala.

Si Usted está interesado en mejorar su estilo de liderazgo carismático, entonces lo mejor que puede hacer es conocer más a su equipo y así poder reconocer las señales sutiles que ellos muestran cuando están expresando sus preocupaciones. Al hacer esto, podrá adaptar su enfoque de acuerdo a cada miembro del equipo y así saber siempre lo que debe decir. Más aún, es indispensable repasar sus habilidades interpersonales y asegurarse que puede narrar una buena historia y dar un discurso inspirador. Los líderes más carismáticos pueden hacer que sus equipos respondan a una serie de instrucciones que ni siquiera se dieron cuenta que habían recibido. Acostúmbrese a operar detrás de bambalinas y verá que puede motivar y dirigir al miembro del equipo que desea influenciar, sin necesidad de hablarle directamente.

El estilo de liderazgo carismático es único entre los estilos de liderazgo, dado que puede utilizarlo fácilmente como base y complementarlo con otro tipo de liderazgo. Sin embargo, debe recordar que ser carismático es diferente a ser egoísta. No sólo por el hecho que Usted le agrada a su equipo, puede aprovecharse de eso para fines personales. Una parte importante de ser un líder carismático es entender las necesidades de su equipo para que pueda satisfacerlas. No porque le caiga bien a su equipo, puede olvidarse que ellos también tienen problemas y no ayudarlos a resolverlos.

Igualmente, no debe confiar nunca completamente en el estilo de liderazgo carismático, puesto que es el estilo que más puede variar en efectividad, entre los equipos. Mientras que un equipo puede responder particularmente bien a su marca única de liderazgo carismático, el siguiente equipo puede que no. Un buen líder debe ser capaz de reunir a su equipo fácilmente y eso significa tener un plan de respaldo, en caso que el carisma por sí mismo no funcione. Adicionalmente, debe complementar su liderazgo carismático con otro tipo de liderazgo que promueva más independencia con su equipo, de lo contrario, verá a su equipo desmoronarse cuando Usted no se encuentra dirigiendo la nave.

Como líder carismático, siempre se debe asegurar que sólo está utilizando su carisma de una manera no comprometedora moralmente. Los líderes carismáticos pueden hacer del mundo un mejor lugar al convertir a las personas a una causa de interés común que beneficie a todos. Infortunadamente, es muy fácil para ellos caer en la tentación de utilizar su carisma para el bien personal, mientras se hace caso omiso de lo que es legal y moralmente justo. Si Usted tiene la habilidad de ser un líder carismático, ¡felicitaciones!. Use sabiamente esas habilidades que ha obtenido y siempre

pon a tu equipo de primero.

Capítulo 9: Estilo de Liderazgo Facilitador

Este estilo de liderazgo es especialmente útil cuando se trata de lograr un acuerdo entre opiniones dispares. Uno de los rasgos más importantes de un estilo de liderazgo facilitador es que el líder facilitador se muestra neutral en todo momento. Además, es importante para ellos poner al frente las necesidades del grupo antes que sus pensamientos y opiniones, y dar a conocer esto a través de acciones que, en éste caso, definitivamente dicen más que las palabras.

Este tipo de liderazgo es diferente a la mayoría en que, como líder, su trabajo no es estar en lo cierto, sino trabajar con el equipo y determinar juntos el mejor curso de acción. Los buenos facilitadores saben cómo conducir a un grupo con el fin de lograr un acuerdo que sea lo mejor para todos. Esta es una excelente forma de mitigar las tareas o conversaciones difíciles, porque puede imponer su solución ideal sin tener que llevarse la peor parte de cualquiera de los sentimientos negativos que esto pueda causar.

Beneficios

- **Mayores aportes**: Cada uno se siente como si se les hubiera escuchado, lo que, a su vez, hace más fácil para ellos el comprometerse con la solución acordada.

- *Aumenta la creatividad: Si cada uno comparte sus ideas, el resultado serán mejores ideas. Se debe empezar fomentando un ambiente creativo que permita lograr lo mejores resultados.*

- **Mejora la moral**:Todos apreciarán que se les haya permitido dar sus opiniones y sentirán que lograron algo más grande que los resultados actuales. Resulta que, llegar a un acuerdo acerca de un objetivo se siente casi tan productivo como esforzarse realmente para asegurarse que el objetivo se ha finalizado.

- *Mejora la motivación:*Una vez que ellos se sienten conectados con una decisión, todos los involucrados se sentirán más firmes acerca de hacer que suceda de una vez por todas. Esto mejorará la productividad en general y hará que trabajen arduamente en cualquier tarea relacionada con la tarea inicial, incluso si no se habían puesto de acuerdo antes como equipo.

El asesoramiento explicado

El acto de asesorar a un grupo para que logre llegar a un acuerdo, consiste en 2 partes importantes: hacer observaciones y actuar acorde a esas observaciones. Como tal, éste estilo de liderazgo puede ser visto como más autocrático que laissez-faire, pero aquellos que están siendo asesorados deben saber qué está haciendo el facilitador. Por otro lado, el facilitador debe conseguir que el grupo logre acatar un acuerdo y garantizar que parezcan neutrales y comprometidos con los mejores intereses del grupo.

Un estilo de liderazgo facilitador es más efectivo cuando el equipo está buscando lidiar con un problema complejo que no tiene una solución fácil. Tiene como única ventaja que puede mezclar una amplia variedad de ideas con el fin de encontrar las partes más adecuadas de cada una. Los resultados de un asesoramiento exitoso pueden crear poderosos sentimientos positivos entre los involucrados y, si lo hace apropiadamente, todos se irán con un mayor sentimiento de respeto por ellos mismos y por los demás que hicieron parte del acuerdo grupal. Con el tiempo, ésta sensación fusionarse hacer que el equipo sea más eficiente, creativo y propenso al éxito. Sin embargo, no se debe hacer mal uso o abusar de éste enfoque, ya que no se encuentra exento de fallas.

Uso cauteloso

Un enfoque facilitador no es para ser usado en cada situación que se presente, y cuando intente utilizarlo con un nuevo equipo, asegúrese que conocer la forma en la que se solían hacer las cosas antes de sugerirlo. Si la cultura del nuevo equipo es vista como autocrática, entonces intentar que haya un acuerdo grupal puede resultar en un fracaso. Así mismo, con un nuevo equipo, es muy seguro que ellos estén esperando que Usted les dé instrucciones en lugar de que les pregunte por su punto de vista y se comporte de la peor manera, lo que lo hará ver como débil. Hasta que no esté seguro que su enfoque de moderación no fracasará, es mejor empezar con un estilo de gestión menos divisor.

En esa misma línea, es importante no seguir con ese estilo de liderazgo facilitador hasta que no se sienta seguro que será capaz de obtener los resultados que desea. Una vez que se ha abordado la idea de seguir adelante con el acuerdo grupal, no se puede recurrir a otro tipo de toma de decisiones. Es por esto que nunca ofrezca escuchar un acuerdo a menos que tenga suficiente tiempo para tomar una decisión y trabajar para implementarlo. Llegar a un acuerdo es excelente para la construcción de equipo y para aumentar la participación de los miembros en los objetivos más importantes, pero no es un proceso rápido. Planee la toma de decisiones por lo menos para 2 días y si no tiene suficiente tiempo, entonces no lo sugiera.

Mejore sus habilidades de facilitador

Ser un facilitador exitoso es una habilidad y, como cualquier habilidad, sólo se puede mejorar con la práctica. Afortunadamente, es algo que se puede practicar en casi cualquier situación, independientemente de si se llevan a cabo muchas reuniones o no. Asesorar es tan fácil de practicar cuando se está tomando una decisión grupal, sin importar si Usted es el líder del grupo o no. Comience por mejorar sus habilidades de observación. Observe a otros miembros de cualquier equipo del que haga parte y continúe observándolos hasta que sea capaz de predecir lo que están por hacer, con una certeza razonable.

No espere que estas habilidades se desarrollen de la noche a la mañana. Los buenos facilitadores han estudiado por años el lenguaje corporal y el comportamiento humano. Tómese el tiempo para conocer los detalles de los equipos en su entornoy cómo es probable que ellos respondan a ciertos estímulos. No hay tal cosa como ser demasiado competente al leer a la gente, cuanto más esfuerzo haga, más grande será la recompensa. Recuerde, si bien puede sentir la tentación de asesorar a alguien después de haberlo estudiado por un corto período de tiempo, debe evitar la urgencia. Un asesoramiento ineficaz es peor que no llevarlo a cabo en absoluto.

Desde allí solo es cuestión de poner sus observaciones en práctica. Una vez que sabe la forma en la que responden los miembros del equipo a ciertos estímulos, puede explotar éste conocimiento para alcanzar los objetivos que más los benefician a todos. Utilice el estilo de liderazgo facilitador solamente para logar lo que es mejor para el equipo. Manténgase a la sombra cuando esté asesorando y seguirá siendo el más efectivo.

Capítulo 10: Estilo de Liderazgo Participativo

Un estilo de liderazgo participativo es aquel que pide aportes de su equipo al momento de tomar todas las decisiones que los afectan. Es éste estilo de liderazgo, es indispensable que cada miembro del equipo esté al tanto de toda la información que tiene que ver con ellos, sus tareas y objetivos. Si Usted tiene un estilo de liderazgo participativo, prepárese para una gran cantidad de votaciones, ya que la mayoría de votaciones determinará los cursos de acción que les permitan seguir adelante. Un líder que maneja hábilmente un estilo de liderazgo facilitador y luego implemente éste tipo de liderazgo podrá tener fácilmente lo mejor de ambos.

Beneficios

- *Aprobación garantizada: Su equipo aceptará automáticamente cualquier decisión que haya sido tomada en conjunto. Aun mejor, estarán dispuestos a expresar sus quejas acerca de aquellas en las que no estuvieron de acuerdo, lo que quiere decir que para cuando se haya implementado la decisión, aceptarán los resultados y estarán listos para continuar. Esto llevará a un aumento en la moral debido a la responsabilidad adicional y a la sensación que el líder realmente se preocupa por cada miembro del equipo.*

- ***Mejora la retención:*** Los miembros del equipo que se sienten que están dirigiendo y mejorando activamente al equipo con su presencia, tienen más posibilidades de sentirse contentos con sus perspectivas actuales, resolver problemas más creativamente y permanecer en el equipo por períodos de tiempo más largos.

¿Cuándo utilizarlo?

Como líder del equipo, cuando le pide aportes al equipo al momento de tomar una decisión, le está mostrando al equipo que valora su experiencia y que los está empoderando para que manejen su propio destino. Los miembros del equipo que sienten que su experiencia está siendo explotada completamente, sienten que son valorados y estarán más dispuestos a trabajar arduamente para ser dignos de esa importancia que el equipo les ha dado. Si bien es útil desde un punto de vista moral, un estilo de liderazgo participativo también es conocido por producir una amplia variedad de ideas de alta calidad. Si desea ver lo que su equipo realmente es capaz de hacer, entonces éste estilo de liderazgo es justo lo que estaba buscando.

El estilo de liderazgo participativo trabaja bajo la suposición que el equipo llegará a un acuerdo antes de seguir adelante. Como tal, necesita tiempo para trabajar en ello puesto que un problema difícil puede que no se resuelva fácilmente en un período razonable. Un estilo de liderazgo participativo sólo funciona cuando el equipo tiene voz en cada decisión.

Si bien, el objetivo de un estilo de liderazgo participativo siempre tiene un objetivo noble, se debe saber cuándo funcionará y cuándo no. Dejando a un lado las limitaciones de tiempo, es importante conocer suficientemente al equipo como para saber cuándo no tienen la experiencia necesaria para participar en el establecimiento de sus propios objetivos. Si no tienen la experiencia suficiente para comprender los problemas que se pueden presentar y las soluciones que han funcionado en el pasado, ellos no están listos para liderarse a sí mismos.

Adicionalmente, podrá haber situaciones donde el equipo no tenga acceso al conocimiento o entrenamiento que Usted, como líder, posee. Recuerde, Usted fue elegido como líder por una razón, debe creer en Usted mismo tanto como para saber qué es lo mejor para su equipo, en cualquier momento. Un verdadero líder hace lo que es mejor para el equipo, incluso si eso significa tomar decisiones delicadas para evitar que se lastimen.

Maximizar la efectividad

Con el fin de aprovechar al máximo el estilo de liderazgo participativo, se debe entender claramente cómo difiere éste del estilo de liderazgo laissez-faire. Los líderes participativos son más eficaces cuando utilizan un enfoque facilitador para asegurar que el equipo tenga una retroalimentación de cada una de sus fallas y llegar a las conclusiones de lo que el líder desea. Además, éste tipo de liderazgo permite al líder plantear tareas y establecer una agenda para que los miembros del equipo proporcionen sus aportes, basados en el esquema que el líder haya descrito. Un buen líder participativo siempre tiene clara la agenda y una idea de cómo lograr llevar a cabo esa agenda con el acuerdo del grupo.

Capítulo 11: Magnetismo Personal

El magnetismo personal es un atractivo y capacidad del individuo para atraer e influenciar a los demás. Existen 2 aspectos del magnetismo personal: mental y físico. El magnetismo mental, significa que un individuo posee la habilidad de generar actitudes y patrones positivos y producir la sensación de belleza que alienta a los demás. El magnetismo físico, proviene más del cuerpo físico, la forma en que una persona respira y reacciona físicamente ante una situación específica. Su habilidad para respirar lentamente y mantener la calma proporciona la sensación de consuelo a aquellos que le rodean. El magnetismo físico y mental se combinan para crear el magnetismo personal, que se puede aprender, en caso que no sea algo natural en ti.

Da la casualidad que la proyección de la energía personal es una fuente de magnetismo y puede ser vista como una forma negativa de magnetismo personal, tan rápido como puede verse como algo positivo. Por ejemplo: Usted entra en un Starbucks y lo saludan inmediatamente con una sonrisa. El camarero es extremadamente seductor y amigable, lo que le hace sentir como en casa y muy cómodo. Sin embargo, después de su visita a Starbucks decide ir a una tienda y el cajero está de mal humor, esto puede causar que Usted responda automáticamente con un comportamiento ofensivo. La gente tiende a alimentarse de las emociones de los demás, lo que hace parte del magnetismo personal. La mayoría de las personas poseen ésta cualidad, sólo que no saben cómo utilizarla para su beneficio o ni siquiera saben que la poseen. Éste capítulo le dará una guía sobre cómo adoptar su magnetismo personal.

Mucha gente tiene un radio de magnetismo muy pequeño. Sin embargo, aquellos que tienen un magnetismo personal poderoso pueden esparcirse e influenciar en muchas personas. ¿Ha visto alguna vez a alguien entrar en una habitación y todo el mundo se queda quieto de repente y más enfocado? ¿Tal vez todos se vuelven más felices y emocionados? Aquellos que son vistos como líderes pueden afectar una atmósfera de una manera dinámica. Los líderes con magnetismo personal infligirán emociones, deseos y sentimientos fuertes en aquellos que le rodean, consciente o inconscientemente.

Auto-existencia y magnetismo personal

Con el fin de lograr un nivel de magnetismo personal óptimo, primero debe entender y contemplar su auto-existencia. Cada uno de Ustedes, como líder, tiene valores y poder en su vida. Usted va a necesitar tomar decisiones concienzudamente para tomar el control de su vida. Una vez que haga esto, puede empezar a establecer un magnetismo personal más poderoso. Recuerde, Usted controla cómo reacciona ante la gente y puede ayudar a controlar cómo la gente le responde. Existes muchas formas de ayuda para construir ese magnetismo personal. La siguiente sección muestra algunos pasos para aumentar el suyo.

Formas de aumentar su magnetismo personal

Las personal con magnetismo personal son, típicamente, aquellas que se encuentran en organizaciones exitosas y tienen un gran equipo de trabajo bajo su cargo. Estas personas atraen y retienen a aquellos que son honestos, trabajadores incansables y leales. Hay formas con las que puede aumentar su magnetismo personal, lo que lo convertirá en un mejor líder.

Comparta su Energía

Su magnetismo personal está en lo más alto cuando se siente confiado y entusiasta. Comparta esto con los demás al compartir su pasión y su energía.

Comparta afirmaciones positivas y le prometo que su magnetismo aumentará. Es sencillo, el positivismo atrae positivismo.

Sepa Quién es Usted

Mantenga siempre su personalidad al ser auténtico y sincero. Trate de aprender más acerca de Usted mismo escribiendo un diario, tomándose el tiempo para reflexionar o tomando clases de auto-reflexión y autoestima. Mientras más se conozca a Usted mismo y esté feliz al 100%, más fuerte se volverá su magnetismo personal.

Haga Más Conexiones

Conocer y conectarse con nuevas personas es una de las mejores formas en las que puede crecer. Hay muchas formas para hacer esto, pero empiece conectándose con aquellos que tienen intereses y experiencia similares. Esto le permitirá conectar con otros sobre una base más intelectual y emocional.

Inspire a Otros

Las personas desean ser inspiradas y mientras más inspire Usted a otros, más pensamientos positivos tendrá. Inspirar a otros no es una exigencia, de hecho, puede ser algo tan simple como dirigir a alguien en el camino adecuado, compartiendo sus historias y hablando acerca de sus experiencias pasadas. Compartir su pasión y su perspectiva positiva le inspirará más de lo que cree. Mientras más inspire otros, más crecerá su magnetismo personal. ¡Le energía positiva es contagiosa!

Rechace la Negatividad

La negatividad puede tener un enorme impacto en su magnetismo personal. Le sugiero que remueva cualquier fuerza negativa de su vida, ya se interna o externa. Cada una de las personas en su vida que es constantemente pesimista y crítica debe salir de ella. Estas personas pueden sacarlo de sus aspiraciones positivas. Si Usted tiene alguna negatividad interna, puede aprender a vencerla al enfrentarla de una manera positiva. Mientras más practique llevar una vida poderosa y positiva, más disminuirá la negatividad.

Capítulo 12: Habilidades de Comunicación

¿Qué son las habilidades de comunicación?

Las habilidades de comunicación son esenciales en cualquier papel en la vida. Estas habilidades aseguran que tiene la capacidad de intercambiar información tanto verbal como no verbal. A menudo, lo que tratamos de comunicar se pierde en la traducción. No importa qué, las emociones juegan un papel importante en cómo transmitimos y entendemos la información. Lo que se pretende decir no siempre es lo que se escucha, pero los grandes líderes tienen la habilidad de comunicarse muy bien tanto verbal como no verbalmente. Es vital que se pueda comunicar en todo tipo de situación ya que las consecuencias pueden ser desalentadoras. Aquellos que tienen habilidades de comunicación efectivas sobresalen en la multitud porque pueden influenciar y persuadir a los demás.

La comunicación verbal incluye el uso de sonidos y palabras que permitan entregar el mensaje. La comunicación verbal, es el dialecto que se habla que también requiere de la comunicación no verbal para que el mensaje sea más claro. La comunicación verbal requiere de un discurso efectivo, claro, enfocado, con buenas maneras y etiqueta básica. Si no posee habilidades eficaces de comunicación verbal, entonces no importa que tan bien puede comunicarse alguien más. El mensaje no podrá ser entregado si no se puede comunicar bien verbalmente.

La comunicación verbal y no verbal trabajan de la mano y debe aprender a manejar ambos para poder ser un mejor líder. De hecho, muy a menudo, puede ser de su mayor interés aprender a observar las señales no verbales más que enfocarse en las palabras. Como líder, es exponencialmente importante que aprenda a unir sus estilos de comunicación con el fin de presentarse a sí mismo como alguien honesto e íntegro todo el tiempo.

Como líder, necesita estar dispuesto a adaptarse a cada situación, incluso en la comunicación. Para lograrlo, debe aprender a adaptarse como comunicador. Esto involucra el prestar atención a cada individuo con el que habla y a nada ni a nadie más que se encuentra a su alrededor. Comprométase con escuchar activamente, preste atención a sus señales no verbales y entonces cambie su estilo de comunicarse basado en cómo ellos están reaccionando a Usted. Si lo necesita, anímelos a responderle en un esfuerzo por unirse en el medio. Para esto, debe aprender las habilidades que se encuentran en éste capítulo.

Como cualquier líder lo sabe, Usted necesita dar ejemplo. Esto le ayudará en las muchas situaciones que se le presenten. Familiares, compañeros de trabajo, empleados y supervisores observarán a otros en posiciones más altas o a aquellos que son percibidos como líderes del grupo y les seguirán. Aquellas personas que imitan lo que Usted hace. Por lo tanto, si Usted les escucha activamente, si se reúne con clientes en un nivel más personal y si se abstiene de actuar con enojo, es muy posible que los demás empleados hagan lo mismo. Mientras lleva a cabo las funciones de su trabajo, hable con otras personas acerca de cómo desea que sean los miembros de su equipo, empleados o familiares. Actúe como desea que los demás actúen, así está dando el ejemplo correcto. Siempre ajuste conscientemente su comportamiento y estilo de comunicación como desea que los demás lo hagan.

Las habilidades de comunicación no siempre aparecen de una manera natural, es por eso que es un importante tema de discusión. Estas habilidades necesitan ser practicadas de manera recurrente para poder llegar a manejarlas correctamente. Cada líder debe considerar el tomar clases de habilidades para una comunicación efectiva o algún entrenamiento que les enseñe cómo desarrollar esas habilidades. Más abajo encontrará algunos detalles de las bases que puede utilizar para mejorar su estilo de comunicación.

Habilidades de comunicación verbal

Las habilidades de comunicación verbal son importantes para el éxito en cualquier momento de nuestras vidas. Necesita de buenas habilidades de comunicación verbal para mantener conversaciones amigables, tomar decisiones en su trabajo o en su vida personal, transferir conocimiento en su escuela o en su carrera profesional, coordinar actividades con amigos o en el trabajo y con el fin de mantener una buena relación con la sociedad. Como líder, Usted debe ser un experto en comunicación para poder adaptarse a la gente y a las experiencias de la vida. Algunos ejemplos incluyen:

- *Hacer presentaciones*
- *Dar y aceptar críticas*
- *Motivar y apoyar a otros*

- *Investigar y reunir información (Sondeo)*
- *Conversaciones telefónicas*
- *Entrevistas*
- *Reuniones*
- *Talleres de trabajo*

Existen varias estrategias y tips que puede utilizar para asegurarse que su comunicación verbal sea efectiva. Como se indicó anteriormente, éstas habilidades son críticas en cada aspecto de su vida, pero especialmente como líder. Estas son habilidades que puede practicar. Primero, reflexione en cómo desarrollar y entregar un mensaje, y luego enfóquese en cómo ganar respeto y construir la relación basado en una comunicación.

Comunicación abierta

Cada vez que inicie una conversación, una presentación, conozca a alguien nuevo o entre en una sala de reuniones, el primer minuto será el más desafiante e incómodo. Es también en esos pocos minutos que todos se están evaluando entre sí. Este es su momento para dar una duradera primera impresión. La primera impresión indica que hay expectativas. Las expectativas pueden ser difíciles de superar. Sin embargo, use ese momento para manejar las formalidades como normalmente lo haría: con presentaciones, manteniendo contacto visual, siendo amigable y educado, manteniendo una posición interesada y sonriente. Este es un paso fácil en el proceso que puede practicar en casa. Lo importante es mantener la atención y darle a cada quien en la sala una presentación y un saludo. ¡Abra la puerta a la comunicación!

Refuerzo y retroalimentación

El refuerzo puede ser utilizado en muchas formas de comunicación. Puede usarlo para reforzar las ideas de otras personas, para fomentar la participación, proponer tranquilidad, brindar una sensación de calidez y seguridad, etc. Recomiendo utilizar palabras de refuerzo en sus conversaciones o presentaciones, junto con expresiones no verbales que aprenderá en la siguiente sección. El uso de palabras de refuerzo junto al contacto visual, una disposición de calma y, una apertura y entusiasmo por participar, animará a las personas a proporcionar retroalimentación y un mayor debate entre los que escuchan. Ayuda el que Usted señale que está interesado en lo que otros están diciendo. Repita lo que les interesa, así ellos sabrán que los entendió y entonces reflexione con ellos y proporcione una respuesta franca. Asegúrese de proporcionar alivio, si es necesario, para apelar a un sentimiento de seguridad en aquellos que necesitan más apoyo. Alentando a aquellos que se encuentran a su alrededor a dar su retroalimentación en respuesta a lo que dijo, ayuda a estimular la conversación, así como sesiones de presuntas y respuestas. Los líderes son realmente buenos reconociendo cuándo ofrecer apoyo a los demás y cuándo utilizar sus habilidades de comunicación verbal para hacerlo.

Escucha efectiva

Primero que todo, necesita saber que la gente escucha para obtener información, para entender lo que se está diciendo, por diversión o para aprender. La mayoría de nosotros no gasta el tiempo suficiente para escuchar lo que se nos está diciendo. Estamos demasiado preocupados en pensar lo que vamos a decir a continuación para captar la atención de los demás, por lo tanto, debe tener ser consciente que debe aprender la habilidad de escuchar atentamente. Esta habilidad puede ser aprendida y mejorada.

Empiece por escuchar lo que otra persona la está diciendo en ligar de enfocarse en lo que le va a decir como respuesta. Mantenga una mente abierta y objetiva, evite las distracciones y comprométase.

Para convertirse en un oyente eficaz, le sugiero seguir estás sencillas técnicas:

1. Preste atención

2. Muéstrele al que habla que Usted le está escuchando
3. Proporcione su punto de vista o retroalimentación
4. NO juzgue
5. Responda cuando sea apropiado

Cuestionamiento

El cuestionamiento es una habilidad de comunicación muy eficaz puesto que le permite obtener una mejor información, iniciar conversaciones, mostrar interés, aprender acerca de algo, aclarar situaciones, probar, etc. De hecho, es una de las habilidades que lo convierte en un comunicador exitoso. Sin el cuestionamiento es difícil comprometerse.

Las preguntas, generalmente, hacen que alguien se dirija hacia una dirección en particular y darán forma al resto de la conversación. Por ejemplo: Usted le pregunta a alguien "¿Cómo estuvo la reunión con la Junta Directiva acerca del aumento de salarios?"

Las preguntas para recordar y procesar, son preguntas que ayudan a los otros a recordar algo o procesar pensamientos profundos. Esto puede ser algo tan sencillo como: "¿Cuál es tu nombre?" o tan abierta como: "¿Cuáles son tus mayores fortalezas y debilidades?"

Las preguntas retóricas, son aquellas que no requieren de una respuesta. Se usan para causar que aquellos que están escuchando reflexionen acerca de un pensamiento o un tema en especial. Se utilizan más que todo en presentaciones.

Las preguntas de canalización son utilizadas para encontrar información. Usualmente son una serie de preguntas que pueden irse volviendo más restrictivas a medida que se va haciendo cada pregunta. Generalmente se usan cuando conoces a alguien nuevo. Puedes simplemente realizar preguntas cerradas que sean fáciles de responder con una respuesta directa y volverlas más abiertas y así obtener una amplia variedad de respuestas. Como niños, recuerda que su mamá o papá haciéndole preguntas más abiertas y se iban volviendo más directos con preguntas cerradas, como una forma discreta de buscar información. ¡Es una forma de interrogación en su máxima expresión! Aprenda a utilizar éste tipo de preguntas puesto que le pueden beneficiar mucho.

Por último, existe una serie de respuesta que podría recibir a éste tipo de preguntas. Depende de Usted utilizar éste tipo de técnica de cuestionamiento para obtener las respuestas de necesita o desea. De nuevo, apóyese en la comunicación no verbal. Las respuestas más comunes, son:

- Directas y honestas
- Mentiras
- Fuera de contexto
- Parciales
- De escape
- Estancada
- Negativa

Reflexionar y aclarar

Reflexionar y aclarar es un paso importante en el proceso de comunicación porque asegura que el mensaje ha sido enviado y recibido, como se esperaba. Reflexionar significa que pensó en lo que escuchó, lo parafraseó y lo reiteró. Se proporciona de vuelta casi que un resumen de lo que escuchó. La aclaración puede llevarse a cabo entre dos personas (o más, si hay un grupo involucrado) si se ha presentado un malentendido. Esto puede ser considerado como un tipo de comunicación de tres caminos, si lo desea.

La razón por la que se menciona ésta técnica en éste libro, es porque a menudo es dejada a un lado y si se toma el tiempo para practicarla, eso demuestra que está llevando a cabo lo que debe para entender los diferentes puntos de vista, hechos y sentimientos que se han manifestado. Esta es una habilidad que a menudo se pasa por algo y en parte, es el motivo por el que la comunicación no funciona bien.

Comunicación de cierre

El final de una conversación, reunión, presentación, etc., tendrá un impacto significativo en la comunicación completa, porque muy a menudo, es lo que la gente recuerda. Nunca debe terminar una conversación de manera abrupta o terminar una presentación sin una conclusión o una señal sutil que permita que las demás personas sepan que está poniendo fin a la interacción. Es importante que cuando Usted termine una conversación, permita que los demás también cierren esa conversación. Cada uno tiene un entendimiento claro de los acuerdos futuros y todas las preguntas han sido contestadas.

Si Usted no es quien está finalizando la comunicación, observe bien las señales sutiles como a alguien mirando su reloj, levantándose o empacando sus cosas. Entonces es el momento para cerrar y solicitar un seguimiento, si es necesario.

Piense antes de hablar

Piense siempre antes de hablar para evitar cualquier malentendido. Es mejor pensar por unos segundos antes de meter la pata, por así decirlo. Le sugiero pensar en experiencias pasadas donde pudo haber hablado demasiado pronto. ¿Tienen estos momentos un asunto o se basan generalmente en situaciones similares? Si es así, piense la forma en la que puede mejorar esto. ¿Hay alguna persona en particular con la que le resulte difícil hablar? Tal vez un jefe, un familiar o un compañero de trabajo. Tómese el tiempo para pensar acerca de cómo puede mejorar éstas situaciones y cómo manejar a las personas difíciles, así, cuando se le acerquen en el futuro, Usted podrá pensar claramente y acercárseles de una manera más estratégica. No permita que sus emociones le controlen y esté tentado a hablar sin pensar.

Trate de pensar positivamente cada vez que se encuentre en situaciones difíciles.

El poder de los pensamientos positivos no es sólo un decir, esto le ayudará a tranquilizar su mente y hacer que se sienta más calmado, permitiéndole actuar de la misma manera. Reflexione en las palabras que desea utilizar y sólo use aquellas que son positivas. Entonces podrá convertir lo negativo en positivo y mantener una perspectiva más pacífica.

Finalmente, dese cuenta siempre que está intentando alcanzar algo. Esto puede ser personal o profesional. Enfóquese en alcanzar sus metas y eso le ayudará a mantener sus habilidades de comunicación encaminadas. Manténgase positivo, oportuno y a punto. Exprese ideas y objetivos que le ayudarán a alcanzar la meta y procure mantener la negatividad de los demás alejada de Usted.

Sea claro y conciso

Haga todo lo posible por decir siempre exactamente lo que necesita decir. No se vaya por las ramas. Sea claro acerca del mensaje que está entregando. Si está haciendo una presentación, es importante que proporcione sólo información importante y se olvide de temas sin sentido que realmente no afecta para nada lo que está transmitiendo. Sea específico y escríbalo en las primeras páginas de la presentación, y luego proporcione una información con antecedentes. Si está teniendo una conversación uno a uno, nadie desea averiguar lo que la otra personas está tratando de decir, por tanto, comuníquese de una manera clara y concisa. Pregúntese siempre cuál es la forma más clara de comunicarse.

Para eso le recomiendo lo siguiente:

- Minimice el número de oraciones
- ¿Tiene sentido lo que dice?
- No utilice palabras de relleno

- Repita su propósito de varias maneras
- Sea concreto y preciso
- Sea cortés y amable
- Utilice un llamado a la acción para que la audiencia sepa lo que debe hacer a continuación

Sea confiable e inspirador

Hable siempre con confianza y así su audiencia sabrá que es una persona segura de sí misma. Esto hará que estén más dispuestos a creer en sus habilidades. Hable con un tono de voz sólido, haga contacto visual y utilice un lenguaje corporal profesional. El lenguaje corporal es importante y mucho más si va acorde con su discurso. Manténgase erguido, no se balancee de un lado a otro, no cruce las manos, estreche las manos firmemente y sonría. Interactúe con los demás como si fuera el dueño de la sala. Mientras más confianza tenga en Usted mismo, mejor se verá y más inspirador será

Habilidades de comunicación no verbal

La comunicación no verbal afecta a los que se encuentran a su alrededor más de lo que Usted se puede imaginar. ¿Alguna vez se ha puesto a pensar que su comunicación no verbal puede estar enviando un mensaje diferente al de su comunicación verbal o si su comunicación no verbal está enviando un mensaje sin importancia?. Sus señales de comunicación no verbal son una parte importante de sus habilidades de comunicación e influencian significativamente a aquellos que están cerca de Usted. De hecho, la comunicación no verbal le permite:

- Reforzar lo que se está diciendo
- Transmitir sus emociones
- Ayudar a definir la relación que tiene con la persona(s) con las que está hablando
- Proporcionar retroalimentación
- Mejorar el diálogo
- Permitir una mejor interpretación de la comunicación verbal

Debe tener muy en cuenta que la comunicación verbal puede controlarse; sin embargo, muchas veces no lo está. La mayoría de las personas reaccionan no-verbalmente sin darse cuenta más a menudo de lo que creen, porque la comunicación no verbal está basada en las emociones. Con un mejor entendimiento y práctica de la comunicación no verbal, Usted podrá mezclar lo verbal con lo no verbal correctamente, llevándolo así a tener mejores interacciones y habilidades de liderazgo. Habiendo dicho eso, veamos más en profundidad algunas de las habilidades de comunicación no verbal más comunes en las que debe enfocarse y aprender como líder.

Hágase visible

Los líderes necesitan ser vistos en el mundo de los negocios, comunidades y otras organizaciones. No es suficiente transmitir verbalmente algo. Los líderes que son reconocidos como tal, lo son debido a que han hecho un esfuerzo por ser vistos. Han hecho todo lo posible por visitar constante mente a otros que le pueden ayudar a ser lo que son. Son exitosos porque han aprendido acerca de la lealtad hacia los demás en función de su capacidad para influir e inspirar.

Buenos modales

Muy sencillo, no puede por ningún motivo tener malos modales. Es importante que mantenga un balance de buenos modales. Siempre debe ser gracioso como anfitrión o como invitado. Esto se puede hacer con un dominio verbal o no verbal. Para comunicaciones no verbales, estreche la mano de su anfitrión o invitados al momento de su llegada y de su partida.

Asegúrese que su agarre sea firme, no sudoroso y mire a la persona a los ojos cuando le esté dando la mano. Los buenos modales, en un entorno social, incluyen: pararse y sentarse derecho y sin balancearse, mantener contacto visual, tener una apariencia y expresión agradables, sonreír a menudo y hablar con los demás. Recuerde que sus acciones hablan tan alto como sus palabras. Así que es importante que siempre debe dejar una impresión duradera basada en sus habilidades de comunicación no verbal. Intente no fruncir el ceño, cruzar los brazos, mirar su teléfono o alejarse si se encuentra nervioso. Mientras más continúe interactuando con las personas, más rápido se disipará su nerviosismo y tendrá más confianza.

El contacto visual es crucial

El contacto visual es probablemente una de las habilidades más importantes que una persona puede aprender acerca de la comunicación no verbal. Si Usted se queda mirando a la distancia, gira los ojos o mira constantemente hacia el piso, la gente puede encontrarlo desagradable y desinteresado. Usted desea hacer que la gente le dé la bienvenida y lo invite a estar con ellos. Mientras más consiga que esto suceda, más personas serán influenciadas y se enfocarán en Usted. Los ojos de una persona pueden decir más acerca de ellos que sus palabras. Concéntrese en la persona en la que está hablando, así sabrá que está interesado y escuchando. Un buen contacto visual es uno de los mejores cumplidos que puede recibir.

Utilice el espacio

Use su entorno a su favor. Los líderes saben cómo llenar una habitación, por así decirlo. Con esto, lo que quiero decir es que ellos saben cómo utilizar el espacio visual y físico, y hacer que hacer que lo escuchen aquellos con los que están hablando. Por ejemplo, si Usted está haciendo una presentación, le recomiendo que utilice el escenario para conectarse con la gente. Camine de un lado al otro de la sala y haga contacto visual con aquellos que se encuentran en la audiencia. No se esconda detrás del podio para hacerse más pequeño. Expóngase y muéstrese grande al utilizar el escenario a su favor. Camine hacia la gente y utilice el espacio provisto. Esto le permite conectarse mejor con la gente.

Controle el tono de su voz

¡Voz, voz, voz!. Su voz puede ser una tremenda herramienta de comunicación y aún sigue siendo una herramienta de comunicación no verbal porque no se trata de las palabras sino del tono. Cambiar el tono de su voz puede afectar el impacto que puede tener sobre los demás. Utilizando un tono de voz más poderoso, puede ser más dominante en una habitación. Si murmura o habla muy bajo en una presentación o a un grupo de personas, lo verán menos influyente o impactante. Su mensaje verbal sólo tendrá la fuerza que necesita si sabe cómo presentarlo correctamente con el tono de voz adecuado. Si está hablando con alguien en un nivel más personal, entonces ahí querrá cambiar el tono de su voz a uno más calmado y sutil. Hay diferentes elementos de voz: tono, volumen, etc. Tómese el tiempo para aprender acerca de esto y entender lo que funciona en cada aspecto de su vida. Como líder, su voz le ayudará a dictar que tan poderoso e influyente puede ser.

Gestos

Utilizar las manos mientras se habla es una señal no verbal de la persona. Sus gestos pueden ser suaves o dramáticos y los puede utilizar tan frecuentemente como lo desee. Realmente esto le agrega personalidad y atrae a los oyentes. Como oyente, puedes darle una señal de aceptación con tus manos a alguien o indicar un lugar hacia el que se debe dirigir. Los gestos ayudan a influenciar a la gente tanto como las palabras lo hacen con las emociones. Sólo asegúrese de entender las diferencias culturales para evitar malos entendidos.

Contacto

El contacto pude ser una poderosa herramienta que las personas pueden utilizar durante la comunicación. Obviamente, debe ser muy cuidadoso en cómo emplea ésta técnica, pero un simple toque puede enviar un poderoso mensaje tanto a los que escuchan como a los que hablan. Por ejemplo: un ligero toque en el hombro en el brazo, puede enviar un mensaje de empatía, consuelo, gratitud sincera, etc. Esto envía un mensaje de importancia y valor a la otra persona. Les está mostrando a los demás que se preocupa y que está escuchando atentamente. Esto cambia el nivel de comunicación que puede ser de gran valor. Aprenda cuándo utilizar ésta técnica, puesto que puede ser ventajosa para Usted.

Capítulo13: Persuasión e Influencia

Unas fuertes habilidades de comunicación le ayudarán a persuadir e influenciar a la gente en diferentes situaciones a lo largo de su vida, pero como líder, lo debe utilizar a diario. Algunos lo encuentran fácil, pero para otros es una tarea ardua. Existen diferentes métodos para persuadir e influenciar a alguien. Sin embargo, Usted necesita entender que la persuasión no es lo mismo que la manipulación. La gente tiende a confundir estos dos conceptos, pero la diferencia está en la intensión.

Establezca credibilidad

Debe tener en cuenta las ideas y opiniones de los demás. Establezca un entorno dónde los miembros de su equipo estén dispuestos a participar y entender que todas las opiniones y formas de pensar son válidas. Recoja toda la información y luego desarrolle un plan que demuestre lo que contradice o apoya cada argumento. La clave es tener los datos que soporten el análisis.

Entienda a la audiencia

Identifique objetivos comunes para toda la audiencia y establezca su objetivo principal. Esté seguro que puede demostrar cómo se relacionan cada uno de estos objetivos y trabajen juntos para conseguir el objetivo principal. Este paso en el proceso tomará algún tiempo, puesto que Usted quiere identificar quiénes son sus decisores clave, quiénes son sus stakeholders y cualquier otra fuente de influencia. Comprenda el argumento inicial y sepa si se puede comprometer. Su trabajo será trabajar con cada uno para asegurarse que están contentos con el cumplimiento de sus intereses y su compromiso.

Refuerce su posición

Usted debe ser capaz de respaldar su decisión con evidencia, y así poder influenciar a las personas. Para eso necesita información (gráficos, cuadros, imágenes, ejemplos, etc.), eso explicará su posición y finalmente comprará a la audiencia. Usted necesitará lo siguiente:

- Datos/experiencias lógicas y consistentes
- Abordar favorablemente los intereses de la audiencia
- Eliminar alternativas competitivas
- Reconocer y tratar con políticas de

oficina
- Recibir avales

Un liderazgo que se conecta emocionalmente

Una vez que ha desarrollado una posición, necesita demostrar que está comprometido con esa posición. Deberá obtener una perspectiva del estado emocional de su equipo y utilizarlo para entregar el mensaje. La capacidad de la audiencia de recibir su mensaje estará basada en la emoción, así que debe conectarse con ellos en varios niveles, como por ejemplo, por qué es Usted quien realiza el trabajo. La diferencia entre sus miembros del equipo determinará cómo entrega el mensaje y, de nuevo, debe entregarlo de diferentes formas, con el fin de lograr que cada uno puede conectarse emocionalmente con él a favor de Usted. Debe asegurarse que se conecta con ellos emocional e intelectualmente.

Tips para una persuasión exitosa en el

lugar de trabajo

1. Se trata de ellos no de Usted

Lo más importante que necesita entender acerca de la persuasión es que gira alrededor de la comprensión de su audiencia. Cuando piensa al respecto, no es qué tan buen persuasor es Usted, es más acerca de qué tanto los puede persuadir. Necesita poder crear un ambiente que fije un terreno común entre los grupos de personas para establecer un resultado final. Su capacidad de aprender de cada uno de ellos, encontrar los aportes y opiniones más importantes, establecer un terreno común y guiar todo eso hacia un objetivo común, lo hará eficaz.

2. La credibilidad importa más

Construir su creatividad es una de las claves críticas al momento de persuadir e influenciar a alguien. Usted debe tener conocimientos y haber creado un cierto nivel de autenticidad entre sus pares para poder presentarse a sí mismo como alguien que puede convencer a otros eficazmente. Sus logros pasados y presentes le ayudarán a decidir si tiene esa habilidad. Mientras más experiencia tenga, mejor será.

3. La clave es la comunicación efectiva

Una vez que haya desarrollado cierto nivel de credibilidad, debe usar todas las habilidades de comunicación qua ha aprendido aquí para mantenerla y para empezar a persuadir a otros. Ser un comunicador eficaz significa que puede persuadir e influenciar. Continúe practicando todas las habilidades de comunicación que se han descrito en éste documento para ayudarlo a ser cada vez más un mejor comunicador.

4. Escuche, escuche, escuche

Usted debe ser capaz de escuchar a todos y cada uno de los miembros de su equipo. No sólo escuche sus palabras, sino que conozca a su audiencia en un nivel más diverso. Échele un ojo a su lenguaje corporal hacia Usted y hacia los demás; sea paciente y muestre empatía por aquellos que lo necesitan. No hay reglas establecidas acerca del tipo de persuasión que debe utilizar. Cada quien requiere de algo diferente. Lo primordial es conocer a su audiencia. Conozca lo que quieren y cuál es su objetivo final. Escuchar es aprender.

5. Practique la persuasión

La práctica hace la perfección en cada cosa de nuestras vidas. No confunda esa línea. Se necesita experiencia para dominar el arte de persuadir e influenciar. Le sugiero que cuando sepa que tiene una presentación o un proyecto por delante, se tome su tiempo para pensar en cómo lo va a presentar, para pensar en todas los posibles "que tal si" y cómo desea obtener un buen resultado final. Reflexione en cómo se lo va a presentar al grupo, cómo reducirá las ideas y opiniones, y poder concentrarse en el objetivo común. Piense acerca de las respuestas que podrá obtener y lo que necesita hacer para que respondan a su favor. Esté seguro de utilizar siempre las habilidades de comunicación que ha aprendido aquí.

Conclusión

Lo felicito por haber llegado al final de éste libro. Mi intención fue proporcionarle toda la información y herramientas que necesita para convertirse en ese gran líder que Usted sabe que puede llegar a ser. Recuerde que el liderazgo es una habilidad, lo que quiere decir que sólo la puede mejorar con la práctica. Si se encuentra de repente en un nuevo rol de liderazgo, apéguese a la idea de fingir hasta que haya elegido el estilo de liderazgo que cree que se adapta mejor a su personalidad. Eventualmente, habrá dejado de fingir sin darse cuenta.

Es importante que mantenga en mente que no todos los estilos de liderazgo funcionan para todos los líderes ni para todos los equipos. Mientras más amplíe sus horizontes, más preparado estará en el futuro. Intente usar todos los estilos de liderazgo discutidos anteriormente, más tarde o más temprano se dará cuenta que ha adoptado ideas de cada uno de ellos y ha creado su propio estilo.

Parte 2

INTRODUCCIÓN

Bienvenido al Liderazgo: en lugar leer descripciones, una página tras otra, de las reacciones químicas que ocurren dentro de nuestros cerebros cuando nos comunicamos; o escuchar la jerga antigua de libros de texto, este libro elimina ese relleno con el fin de proporcionar información procesable que puedes comenzar a usar hoy. Cada página contiene información relevante y lista para aplicar. Se recomienda al lector que utilice esta información para desarrollar sus propias técnicas y estilos personales. El libro fue diseñado para que se lea de principio a fin, sin embargo, si un determinado capítulo es de particular interés para usted, no dudes en adelantarte, por ejemplo, salta la sección de *frases influyentes* si estás buscando obtener un aumento salarial.

Cada sección profundiza en un tema diferente. Se organizan de tal manera que se apoyen mutuamente hasta el capítulo final, que explicará cómo unir todo y qué estilos de liderazgo y métodos de comunicación funcionan mejor en cada situación.

A lo largo de este libro, este material de alto nivel lo ayudará a comprender lo que tanto los superiores como los miembros del equipo requieren de un líder y cómo administrar y guiar estas expectativas hacia los mejores resultados en todo momento. El libro se compone de modelos, estrategias y tácticas que abarcan varios temas que pueden usarse individualmente o combinados para afirmar tus ideas e interacciones directas con cualquier número de personas en cualquier situación. Este libro está principalmente enmarcado alrededor del entorno de trabajo, pero si eres un entrenador de fútbol, gerente de ventas, asesor financiero o empresario, este libro tiene información relevante para sus interacciones comerciales diarias y, cuando se usa correctamente, mejorará tu producción y progresión dentro de tu campo.

Este libro se centra en tu experiencia y

debe integrarse con lo que ya sabe, con el objetivo de obtener una mayor influencia tanto en su lugar de trabajo como en la industria. Sigue los ejercicios y los modelos de toma de decisiones incluidos y encontrarás una confianza adicional en tus habilidades de delegación y gestión.

Entiende y aprende cómo obtener los mejores resultados de otras personas a través del *Pensamiento Sistemático, la comprensión y la retroalimentación*, al mismo tiempo que aumentas la funcionalidad y la productividad de cualquier equipo con las técnicas de gestión de resultados que se explican en Administración de resultados.

Los capítulos *Frases influyentes que puedes usar hoy* y *Tácticas rápidas que puede usarhoy* fueron diseñados para, de un vistazo, brindar consejos y técnicas útiles sobre las formas más efectivas de hacer preguntas, hacer solicitudes y delegar.

Tu equipo es tu recurso más importante. Sus habilidades y valores únicos contribuirán a los resultados del grupo en formas que a menudo pueden parecer aleatorias. Pero a través del desarrollo propio y en equipo, comenzarás a reconocer los patrones dentro del sistema, percibirás los eventos venideros y conocerá los estilos de comunicación y administración adecuados para influir con éxito en la situación hacia el resultado deseado. No te quedes al capricho de tu entorno; aprovecha, fortalece y perfecciona tus habilidades de comunicación, influencia y toma de decisiones y conviértete en el líder más poderoso que puedas ser.

¿QUÉ HACE A UN LÍDER?

Un líder no existe como un cuerpo independiente, existe como una conexión entre individuos: Un acuerdo hecho para los intereses de los grupos. Un líder debe poder reconocer dónde están ellos y su equipo, hacia dónde se dirigen y la mejor manera de llegar allí. Los mejores líderes, como los mentores, nos guían en el marco de desarrollar no solo nuestras habilidades, sino también nuestra individualidad.

Los líderes tienen la capacidad de equilibrar su tremendo poder creativo con un realismo humilde. Esta honestidad no obstaculiza la capacidad de un líder para pensar o actuar, sino todo lo contrario. Estos atributos conducen a una mayor calidad de acción que es congruente con los valores individuales y de la empresa y un alto nivel de éxito.

Al establecer objetivos mensurables para utilizarlos como indicadores en el camino hacia el logro de una meta, el líder organizado mantiene a su equipo en la pista. Para ser un líder eficaz, deberás dominar muchas habilidades tanto prácticas como interpersonales, pero ninguna más importante que las siguientes:

Un líder debe aceptar la realidad y actuar en consecuencia

Aceptar la realidad de una situación puede no parecer a primera vista una habilidad, sin embargo, ser capaz de desconectarse de sus emociones y preconceptos para tomar la decisión más lógica requiere mucha práctica. Debes estar atento para no dejar que tus emociones se queden con lo mejor de ti al tomar decisiones.

Actuar en consecuencia podría significar cualquier cosa, desde mejorar tu conjunto de habilidades hasta hacer horas extraordinarias, incluso podría significar aceptar que una estrategia actual no funciona y reconocer que es hora de cambiar. La clave es reconocer y aceptar las realidades y los resultados adjuntos a la situación actual y luego influenciarlos en nuestra ventaja. Esto se logra a través de los siguientes rasgos:

Un líder posee carisma.

Un líder tiene niveles muy altos de influencia.

Los líderes tienen una paciencia excepcional.

Los líderes tienen buena capacidad de atención y enfoque.

Un líder es respetado por todos, no solo por su equipo.

Los mejores líderes tienen un sentido arraigado de responsabilidad.

Puedes detectar a un líder por la forma en que son tratados por otros.

Un buen líder confía en ser el centro de atención y se siente cómodo al no ser el centro de atención.

Los líderes están generalmente bien preparados.

Los líderes hablan con un aire de confianza.

Los líderes no pierden la compostura.

Un líder sabe hacer cosas.

Los líderes están constantemente buscando mejorar.

Los líderes son inspiradores y apasionados.

Los líderes poseen altos niveles de transparencia e integridad.

Los líderes se mantienen tranquilos y compuestos bajo presión.

Los líderes son emocionalmente inteligentes.

La flexibilidad extrema viene con facilidad a los líderes efectivos.

Los líderes hablan menos y escuchan más.

Jefe vs Líder

Fundamentalmente, la comparación entre jefe y líder es una de autoridad contra influencia. A continuación, analizaremos las diferencias de autoridad e influencia en el liderazgo, pero ahora debemos considerar cómo podemos diferenciar entre un jefe y un líder. Durante su próxima interacción con un gerente/jefe/líder, presta atención a lo siguiente:

Un jefe usa términos como "lo haré" o "lo harás"; un líder dice "lo haremos".

Un jefe exige respeto; la conducta de un líder es aquella que dirige y gana respeto.

Un jefe confía en su posición de autoridad; un líder conserva su influencia independientemente de la posición.

Un líder es seguido con gusto; un jefe es obedecido a regañadientes.

Un jefe usa 'zanahorias y palos'; un líder inspira a quienes los rodean.

Los jefes demandan tiempo; los líderes dan tiempo.

Los líderes enseñan a sus compañeros de equipo; los jefes envían subordinados al reentrenamiento.

Los jefes utilizan procedimientos de recursos humanos; los líderes se comunican con los individuos.

Los líderes tienen una baja rotación de personal; Los jefes están constantemente entrevistando al personal potencial.

Un jefe está interesado en lo que está mal; Un líder está interesado.

Un jefe hace responsable al personal; los líderes comparten la responsabilidad.

Los líderes utilizan el potencial de su equipo; los jefes usan su personal.

Un líder es un modelo a seguir; los jefes inspiran miedo.

Un líder está abierto a debate; un jefe te abrirá la puerta cuando salgas.

Los líderes son receptivos; los jefes son reactivos

Aptitudes

Los líderes poseen muchas habilidades y calificaciones, pero nunca es la calificación formal lo que hace al líder. Los rasgos y habilidades ejercidos por los líderes más influyentes se desarrollan a lo largo del tiempo con cada nueva habilidad mejorando aún más la última. La verdadera medida de un líder es la manera en que llevan a su equipo en tiempos de cambio y conflicto.

Muchos miembros del equipo pueden contribuir a un proyecto, pero en última instancia, la decisión y la responsabilidad recaen en el líder del equipo. Esto requiere que el líder del equipo sea capaz de tomar decisiones apropiadas que a veces pueden parecer severas o drásticas. La habilidad para tomar decisiones correctas que impulsan exitosamente a un equipo viene con la experiencia, sin embargo, hay modelos de toma de decisiones útiles contenidos en este libro que actuarán como estabilizadores mientras se construye la experiencia.

Autoridad, Ejemplo y Conocimiento

Autoridad y liderazgo no son sinónimos. En muchos casos, la autoridad del líder es algo que solo se percibe desde fuera de la dinámica del grupo. La autoridad de un líder puede describirse mejor como su influencia y el nivel de influencia de un líder puede medirse por la calidad de las relaciones que tienen con sus seguidores.

Por lo tanto, los individuos con posiciones de autoridad solo pueden ser considerados líderes si pueden influir con éxito en otros. Dentro de los equipos exitosos, el líder a menudo es visto como un compañero en lugar de un superior. En los momentos de cambio, un líder toma el control y lleva a su equipo adelante, mientras que una figura de autoridad obliga a su equipo a ir adelante. En conclusión, la influencia de un líder magistral es muy superior a las amenazas de una figura de autoridad.

Los verdaderos líderes lideran con el **Ejemplo**. Lideran desde el frente y se responsabilizan de ellos mismos y de su equipo. Un líder debe tener la experiencia y el conocimiento para poder llevar adelante a su equipo, guiándolos hacia los resultados deseados y superar cualquier momento difícil. Asegúrate de que tus acciones sean congruentes con lo que dices, evita decir una cosa y hacer otra, ya que esto tendrá un impacto negativo en la percepción de tu autenticidad.

El conocimiento solía ser poder, pero ya

no. Vivimos en una era donde el conocimiento es barato y, por lo tanto, está subvaluado y subutilizado. Gracias a internet tenemos acceso a información prácticamente ilimitada; la clave es cómo aplicamos esa información. El poder en la era moderna es la creatividad. La forma en que usamos e implementamos nuestro conocimiento es la verdadera medida de nuestra inteligencia como individuos. Podemos cambiar el mundo a través de la observación racional (derivada del conocimiento y la experiencia) y la creatividad, que son las piedras angulares de la influencia y la innovación. Cuando carecemos de conocimiento, limitamos gravemente nuestras capacidades creativas, nuestras opciones, influencia y nuestras posibilidades de éxito.

Comunicación

Las habilidades de comunicación son esenciales para el éxito en cualquier campo. Estas habilidades nos permiten entender mejor y cooperar con quienes nos rodean. En los negocios o cuando estamos administrando un equipo, una comunicación clara es especialmente crucial ya que las habilidades de comunicación afectarán enormemente las negociaciones a su favor. En los entornos de trabajo, las buenas comunicaciones generan confianza y confiabilidad, además de reducir errores y aumentar la productividad. Se ha demostrado que la comunicación en el lugar de trabajo aumenta la moral y la responsabilidad del personal, especialmente si el personal y los miembros del equipo tienen la capacidad de comunicarse tanto horizontalmente como verticalmente en la cadena de mando. También hay muchos beneficios monetarios para mejorar sus habilidades de comunicación que, al principio, no son evidentes. Promoción y marketing de afiliación para empezar, pero eso se tratará en otro libro más adelante en la serie.

Las habilidades de comunicación avanzadas mejorarán tu calidad de liderazgo, esferas de influencia y posibilidades de éxito para el resto de tu vida. Los mejores comunicadores también son maestros en las habilidades de comunicación no verbal, como el lenguaje corporal. Antes de continuar, aquí hay un consejo rápido. Decide el tono del mensaje que intentas transmitir antes de comenzar. Esto te ayudará a mantenerte alejado de los desencadenantes emocionales y permitirá una mayor agudeza. Ejemplos:

Amabilidad

Ser claro y conciso (directo al punto)

Empatía

Apologética

Indulgencia

Confianza

Respeto

Cautela

Guíar/Asesorar

Alabar

Dicción, Ritmo, Tono y Volumen.
Una gran parte de la información que comunicamos se transmite a través de lo que decimos. Pero no te dejes engañar pensando que son las palabras que

elegimos las que transfieren la información que nuestro mensaje intenta transmitir. Las audiencias reciben la mayor cantidad de información a través de la manera en la que hablamos, no de las palabras que usamos. Nuestra dicción delata mucha de nuestra información personal al igual que nuestro ritmo. El tono y el volumen transmiten mucho sobre nuestros sentimientos actuales hacia lo que se está discutiendo. Todos tenemos la habilidad natural de "leer" a otros a través de su dicción, ritmo, tono y volumen, haciéndolo un aprendizaje nutrido.

La **dicción**, junto con una buena enunciación y una pronunciación clara, facilitarán las cosas para tu audiencia, permitiéndoles enfocarse en tu mensaje. Practica simplificar oraciones eliminando palabras innecesarias para asegurarte de que eres lo más comprensible posible.

Trabaja sobre el uso adecuado de las palabras, esto ayuda a transmitir emociones y te lleva al grano.

El **ritmo** o la velocidad al hablar, se miden

más comúnmente en palabras por minuto, pero a veces se pueden medir en sílabas por minuto. Por supuesto, esto varía de un idioma a otro, pero por el momento nos limitaremos al inglés y al promedio de palabras por minuto. El análisis de los oradores profesionales nos muestra que, idealmente, queremos utilizar entre 150 y 180 palabras por minuto, según la situación. Variar su ritmo de habla a lo largo de su conversación o presentación, ayudará a aumentar y mantener la atención de la audiencia y, por lo tanto, aumentará la percepción del carisma. Cuando estés en el camino hacia el dominio del ritmo del habla, asegúrate de prestar atención a la complejidad del contenido y la claridad tanto de tu idioma como de tu visión.

El **tono** es algo sobre lo que generalmente tenemos buen control, sin embargo, para obtener un sonido completo de sus cuerdas vocales, es importante que se mantengan hidratadas. Después de la hidratación, antes de hablar en público (¡todas las mañanas antes de salir de casa!) intenta tararear durante unos minutos, variando el tono. Este ejercicio calentará tu voz, permitiendo un mayor rango cuando se habla en público.

Un **tono** de voz amigable es tranquilizador; le permite saber que puede confiar en la persona con la que está hablando y que se puede confiar en ella. Para desarrollar un tono amigable, primero debe decidir qué tonos le parecen amigables y comenzar a reflejar los tipos de tonos que se adaptan a su tono y acento. Si tiene un fuerte acento, elimine la jerga regional de su vocabulario para que sea más comprensible.

Cuando se habla desde el corazón, un ritmo relajado y un poco más profundo que el tono habitual transmitirá la profundidad de su mensaje.

Si estás hablando, lo ideal es que quieras que te escuchen. Si necesitas aumentar el volumen, no grites, esto solo estresará tus cuerdas vocales y la voz sonará tensa. Si necesitas un mayor volumen, habla firmemente desde el diafragma tensando su estómago y los músculos de la parte inferior de la espalda, ya que esto agregará más profundidad a tu voz, llevándola más lejos y sin sacrificar la calidad del tono de voz o tu mensaje.

Enfrenta a tu audiencia

Algunas personas desarrollan el hábito de no mirar directamente a su audiencia, por ejemplo, pueden mirar el piso, una luz o un asiento vacío, pero esto en sí mismo demuestra una falta de confianza y baja valoración. No mirar directamente a la audiencia puede ayudar con problemas de confianza; sin embargo, aquellos que eligen este método se pierden una de las aplicaciones naturales de la voz. Cuando estamos mirando a otra persona, nuestras voces se modulan automáticamente para que la persona pueda escucharnos cuando hablamos. Utiliza este talento natural a tu favor.

Tarareo

Calentar la voz no es solo para cantantes. Cada mañana y antes de cualquier presentación pública, la voz debe estar preparada para la acción. Comienza con un tono bajo y profundo prestando atención a las vibraciones dentro de tu pecho. Después de unos segundos de zumbido bajo, levanta el tono ligeramente y continúa haciéndolo cada cinco segundos.

Trabalenguas

Los trabalenguas son una forma ideal de afilar no solo nuestra elocución; también nos ayudan a agudizar nuestras habilidades de memoria y ganar confianza.

Comida y bebida

Es un hecho que debemos beber mucha agua para mantenernos hidratados. Más allá del agua, intenta mezclar un poco de limón y miel para aliviar las cuerdas vocales. El té de hierbas también funciona muy bien.

Evita los irritantes de garganta como las bebidas gaseosas, el alcohol, las bebidas energéticas, los jugos de frutas y cualquier cosa que contenga cafeína. Los productos lácteos también tienen un efecto adverso en nuestras voces al hacer que se desarrolle un exceso de flema.

Las comidas picantes son particularmente buenas para aflojar la flema que se forma naturalmente en nuestra garganta y que a veces puede hacer que una voz suene ronca o forzada.

Aunque debería ser evidente, cabe mencionar que fumar inflige graves daños a nuestras gargantas y cuerdas vocales, por lo que dejar de fumar debe considerarse seriamente. Fumar no es un hábito racional.

Estilos de liderazgo

Hay tantos estilos de liderazgo diferentes como líderes que luchan por adoptarlos. Existen bibliotecas completas dedicadas a implementar las numerosas técnicas de administración, pero el hecho es que cada persona es diferente y debe adoptar un estilo que funcione para ellas y sus objetivos. Convertirse en un verdadero líder significa, en última instancia, desarrollar su propio estilo y estrategias que aprovechen las propias habilidades prácticas e interpersonales. Sin embargo, a continuación, he explicado algunos de los estilos más exitosos actualmente en uso para darle algunas ideas básicas.

El **liderazgo autocrático** es un estilo de liderazgo donde el enfoque está en el líder. Todas las decisiones son alcanzadas por solo el líder, sin consultar a los subordinados y luego las tareas pasan a través de las filas. Los líderes autocráticos a menudo se ven obligados a confiar en políticas, procesos y procedimientos formales para ayudarlos a administrar sin la participación directa de su equipo. Los líderes autocráticos no suelen ser los jefes más populares y el estilo trae problemas inherentes; sin embargo, sí funciona para algunas personas. Hay algunos líderes autocráticos extremadamente poderosos.

Los gerentes y líderes que utilizan el estilo de **liderazgo democrático** dependen de los comentarios de otros antes de actuar. Los miembros del equipo y los subordinados son valorados en el proceso de toma de decisiones; sin embargo, la responsabilidad recae en el líder o gerente que tuvo la última palabra en asuntos como la delegación, los objetivos y los plazos.

Los adoptantes del estilo de **liderazgo carismático** son visionarios que valoran la individualidad. Reconocen que cada persona tiene diferentes habilidades para ofrecer. El líder carismático dirige a su equipo para actualizar su visión a través del impacto personal, el respeto y el poder de su personalidad. Las personas naturalmente gravitan alrededor de los líderes carismáticos: inspiran a quienes les rodean en la acción y son excelentes para trabajar con ellos.

El estilo de **liderazgo de coaching** es cada vez más generalizado y popular. El líder o mentor del coaching supervisa de cerca a su equipo y desarrolla las habilidades de cada miembro para optimizar a cada individuo y, por lo tanto, mejorar los resultados del equipo en general. Este es un ambiente extremadamente productivo que crea personas valiosas y leales.

El estilo de **liderazgo facilitador** requiere un alto nivel de agudeza para aprender a dominar. Los líderes facilitadores dirigen delicadamente a su equipo en función de sus resultados actuales. Si un equipo falla o se vuelve complaciente, el líder facilitador adoptará un enfoque más práctico, administrando cada tarea paso a paso si es necesario. Al gestionar un equipo de alto funcionamiento, el líder facilitador adoptará una posición de fondo que le permitirá al equipo continuar operando con éxito a través de su propia iniciativa.

Los **líderes estratégicos** se centran en la organización en su conjunto en el lugar del enfoque habitual de arriba a abajo. Los líderes estratégicos también pueden producir el estándar esperado aún en tiempos de cambio, sin disrrupción. Un experto en el estilo de liderazgo estratégico operará en todos los niveles de la empresa (generalmente entre bambalinas), vinculando a las personas y los departamentos, facilitando con éxito el flujo de información y producción en toda la empresa. Los líderes estratégicos son los individuos de alto funcionamiento que son propensos al éxito.

El **liderazgo transaccional** es tal y como suena. Si el grupo o la persona completa su tarea asignada o alcanza los objetivos acordados previamente, se les recompensa (generalmente por comisión). Puede parecer bastante básico pero este estilo tiene sus beneficios. Un equipo que opera bajo este liderazgo suele poseer lineamientos claros, permitiendo que los miembros del equipo sepan su claramente su posición y lo qué se espera de ellos. Este es un entorno de "nadar o hundirse" que se centra en las expectativas, donde las recompensas son excelentes, pero la tasa de deserción y el estrés son altos.

Autodesarrollo

Los mejores líderes están en un camino constante de autodesarrollo y descubrimiento, las habilidades a partir de las cuales se utilizan para desarrollar a los demás a su alrededor. La piedra angular del desarrollo personal es reconocer sus propios pensamientos y acciones, así como las consecuencias involucradas. Con el tiempo, comenzarás a notar sus patrones de comportamiento, momento en el que podrás comenzar a modificarlos y cambiarlos. Lo primero que debes recordar es:

Tus pensamientos se convierten en palabras.

Tus palabras determinan tus acciones.

Tus acciones se convierten en tus hábitos.

Tus hábitos determinan tu carácter.

> Tus pensamientos no son tus creencias; solo reflejan tus creencias y rara vez son totalmente acertadas. Lo principal de las creencias es que funcionan de una o dos maneras: o te habilitan o te limitan. Presta mucha atención a tus creencias y al impacto que tienen en tu vida cotidiana, toma una nota mental sobre si esa creencia te está limitando o habilitando tu potencial para el éxito.

Alguien siempre está viendo, alguien siempre está escuchando

Alguien siempre está mirando, alguien siempre está escuchando y, por lo tanto, siempre debe presentarse con la mejor luz posible. Lo esperamos durante las entrevistas de trabajo y las cenas con los suegros. Sin embargo, en estos tiempos modernos, más que nunca estamos en el centro de atención y, por lo tanto, debemos ser conscientes de las percepciones de los demás. Las percepciones de los demás no deben ser temidas. Con un poco de autoconciencia podemos asegurarnos de hacer grandes primeras impresiones que se mantengan en el tiempo y, con la continuidad e integridad de nuestro carácter, siempre proyectaremos una imagen positiva. Para prepararse para una interacción, intenta hacerte algunas preguntas básicas. Las siguientes preguntas te ayudarán a no cometer errores de juicio al presentarte:

¿A dónde voy?

¿Quien estará allí?

¿Qué se espera de mí?

¿Cuál es el código de vestimenta?

¿Qué voy a decir a quién?

¿Cuáles son mis objetivos?

Agudeza, flexibilidad, educación e implementación.

La agudeza es una mayor conciencia de ti mismo, tus acciones, tu entorno y los resultados que obtienes. La agudeza y la conciencia son habilidades extremadamente valiosas a desarrollar y que te permitirán descubrir si lo que estás haciendo te ayudará a obtener lo que quieres. Después de analizar tus propias acciones y sus resultados, ahora tienes opciones que considerar. Normalmente, quien tenga más opciones (debido a su flexibilidad) tendrá la mayor influencia en cualquier situación dada. Una vez que hayas analizado tus resultados actuales, es posible que debas ajustarte y redirigirte un poco para definir mejor tus resultados, esto puede requerir que aprendas una nueva habilidad o simplemente un cambio de perspectiva. Ahora que has reconocido los resultados y los ajustes necesarios para mejorar, todo lo que queda es internalizar tus nuevas habilidades o métodos y aplicarlos de la manera correcta.

"Lave, enjuague y repita" el método anterior de manera regular y mantendrás actualizada tu conjunto de habilidades, además de adquirir un hábito de superación personal y desarrollo personal. A medida que diriges y rediriges tus acciones de manera adecuada a través del análisis de resultados, encontrarás que tus resultados son de una calidad mucho mayor y que tus objetivos son mucho más rápidos de alcanzar.

El efecto de esta mejora habitual impulsará a un equipo hacia adelante a través del desarrollo del individuo, permitiendo que los miembros del equipo sean más confiados y competentes, dentro una cultura de excelencia integrada. Esta es una de las formas en que un líder mantiene el respeto duradero requerido para administrar un equipo a largo plazo.

Carisma e impacto personal

El impacto personal puede ser descrito como carisma, pero el carisma es difícil de medir. Sin embargo, su poder se eleva por encima de la posición social, la riqueza y destruye los prejuicios preconcebidos. Misterioso por naturaleza, se cree que el carisma es el regalo de unos pocos elegidos y un regalo muy poderoso. En realidad, el carisma es la capacidad de causar una impresión sobresaliente, emocionalmente cargada y duradera en quienes nos encontramos. Los que tienen y utilizan su carisma influyen naturalmente en quienes los rodean, ya que irradian competencia y confianza.

Cuando los abordamos, el carisma y la simpatía son conceptos difíciles de entender. Pero todo se reduce a cómo se sienten los demás cuando están a tu alrededor. Podemos enfocarnos en los rasgos de comunicadores enigmáticos y líderes del pasado y ver qué tienen para enseñarnos. Mi experiencia en la industria de ventas me llevó a descubrir métodos prácticos para aumentar mi impacto en cualquier interacción. Como se mencionó anteriormente, los primeros pasos son la autoconciencia y la flexibilidad, seguidos de la educación y la implementación. Con el objetivo de obtener un mayor impacto personal, las áreas en las que se centrará deberán ser localizadas, trabajar en áreas individuales y el aprovechamiento de las mismas aumentará en gran medida tu carisma y el impacto personal sobre las personas que conozcas (Un ejemplo de aprovechamiento es, por ejemplo, una postura adecuada que mejorará en gran medida tu voz al hablar).

Indicadores que necesitas para trabajar en tu carisma e impacto personal:

- Sufro de ansiedad especialmente al dar presentaciones.

- Soy un introvertido.

- A menudo me encuentro mirando el suelo.

- A menudo me siento a la defensiva.

- A veces me cuesta expresar lo que siento.

- La gente me dice que murmuro.

- Mi postura no es la mejor / a menudo "encojo" la espalda.

- Mis ideas a menudo son ignoradas o rechazadas.

- Estoy vacilante.

- A veces lucho con las decisiones.

- Cada vez que hablo parece que tengo la reacción "sí, pero".

- La gente a menudo malinterpreta mis intenciones.

- Me pongo nervioso al "abrir" nuevos clientes o hablar con nuevas personas.

- Me llevo bien con los clientes, pero lucho por 'cerrar'.

- Regularmente uso palabras de relleno como "um" y "uh".

Aumentar tu carisma e impacto personal

Hay muchas maneras de aumentar tu carisma e impacto personal, pero aquí solo discutiré métodos que no requieren inversión y que se pueden implementar hoy. Con el tiempo, todos desarrollamos malos hábitos y debemos mantenernos controlados para garantizar que aprovechamos al máximo nuestra situación y la nuestra. Gran parte de tu carisma se reduce a tu ingenio: Debes usar lo que tienes de forma efectiva y sin dudas.

Respiración

Cuando hables, intenta respirar lenta y profundamente proyectándote desde los pulmones inferiores. Esto permitirá un sonido más completo, un tono más seguro y un mayor control de volumen.

Ropa adecuada

No subestimes el efecto de la vestimenta adecuada. Aunque sea obvio, sabemos que las personas se visten según lo que está de moda, pero otras personas percibirla como inapropiada. ¡No hagas esto! En ambientes formales o de trabajo, se deben usar trajes conservadores y que se ajusten adecuadamente. Un traje adecuado te llevará lejos.

Postura

Tu postura afecta en muchos aspectos, además de cómo otros te percibirán. Una postura correcta y adecuada te permitirá trabajar más efectivamente y con menos fatiga causada por el cuerpo, además de mejorar en gran medida la voz. Vigila tu postura, los malos hábitos se desarrollan fácilmente. ¡Corregir la mala postura y sentarse derecho!

Voz

Su voz es la forma más fácil de proyectar confianza y carisma, la voz es la herramienta más flexible disponible para usted y debe ser tratada como tal. Sería una buena idea escuchar a oradores famosos como Anthony Robbins y prestar especial atención a los comediantes de stand-up, para obtener algunas pistas. Estos son algunos consejos que puedes probar ahora mismo para mejorar la calidad de tu voz:

Mientras hablas, intenta tensar tus abdominales, esto ayudará a proyectar tu voz desde el diafragma.

Puedes tensar tus abdominales y la espalda baja para realzar la voz, pero el resto del cuerpo debe estar lo más relajado posible.

Si estás de pie, coloca tus pies uno frente al otro con su peso desplazado ligeramente hacia adelante.

Coloca los hombros hacia atrás y deslízalos hacia abajo para enderezar la espalda y levantar la cabeza, con la barbilla paralela al suelo sin bajar ni levantar.

¿Trabajando en la postura? Mírate bien en el espejo

Bueno, tal vez no necesariamente un espejo, pero puedes tomar 2 fotos completas de ti mismo, una al frente y otra al costado. Una vez que tengas las fotos, coteja con la lista a continuación para diagnosticar y solucionar cualquier problema de postura.

- ¿Está su oreja colocada frente al punto medio de su hombro? Si es así, su cabeza está orientada demasiado hacia adelante.

- Si su omóplato es visible, eso significa que su espalda está demasiado curvada.

- Si sus caderas empujan hacia adelante, esto arquea significativamente la parte inferior de su columna vertebral. Esta condición se diagnostica como una inclinación pélvica anterior.

- Mira tus hombros. ¿Aparece uno más alto que el otro? No debería.

- ¿Tus rodillas apuntan hacia adentro?

- ¿Sus dedos apuntan hacia adentro o hacia afuera más de 10 grados?

Si sufres de hombros redondeados, completa lo siguiente:

Acuéstate boca abajo en el suelo, con cada brazo en un ángulo de 90° con las palmas hacia abajo. Sin cambiar el ángulo del codo, levanta ambos brazos tirando de los hombros hacia atrás y sosténgalos durante cinco segundos. Completa 3 series de 15 repeticiones diarias.

Movimiento deficiente de la cabeza por rigidez en el cuello:

Moviendo sólo su cabeza, baje su barbilla hacia su pecho para estirar la parte posterior de su cuello. Mantenga la posición durante cinco segundos y repita al menos 10 veces al día.

Hombros desalineados o elevados:

Siéntese derecho en una silla con las manos a los lados, los brazos rectos y las palmas hacia abajo en el asiento. Ahora, sin mover los brazos, empuje la silla hacia abajo hasta que las caderas se levanten del asiento y el torso se levante. Mantenga esto durante cinco segundos. Completa 3 series de 15 repeticiones diarias.

Presencia

El poder transformador de la presencia es a menudo el rasgo más deseado asociado con el carisma. La posición social y la influencia a menudo se evalúan por la calidad y la fuerza de su presencia. Estar presente en el momento aumenta enormemente la calidad y la profundidad de su presencia, pero ¿qué significa estar presente? Nuestras mentes cambian naturalmente su orientación y estilos de pensamiento en cada momento, estos cambios mentales pueden ser activados por prácticamente cualquier cosa. Para permanecer presentes, debemos estar conscientes de nuestros estados mentales y deshacernos de cualquier mal hábito que hayamos adquirido en el camino. A lo largo de la vida, todos desarrollamos hábitos que tienen un efecto negativo en la percepción de nuestra presencia, como el egoísmo, la jactancia, las rabietas, la tardanza y la falta de fiabilidad general. Debemos estar atentos a estos rasgos negativos y erradicarlos al descubrirlos. Nuestras emociones son nuestra mejor herramienta para leer nuestro estado interno, pero ¿cómo leemos nuestras propias emociones? ¿Y cómo afecta esto nuestra presencia? La forma en que nos sentimos es, en efecto, un indicador de cómo estamos pensando y cómo estamos pensando dicta nuestro nivel de presencia en el momento actual. Para "estar" en el momento presente, nuestro pensamiento debe centrarse en el presente y no en el pasado o el futuro. Aquí es cómo las emociones y los plazos coinciden con su estado actual y estar presentes:

La ira es una emoción reaccionaria causada por pensar en el pasado.

La tristeza también indica que estamos pensando en el pasado (la ira puede ser reconocida como el guardaespaldas de la tristeza).

El miedo y la preocupación surgen cuando estamos pensando en eventos futuros.

Felicidad/tranquilidady la sensación de "el tiempo se pasa volando" es una clara indicación de que estás presente en el momento.

En resumen, si deseamos estar en el momento presente, nuestro pensamiento debe centrarse en el presente y no en el pasado o el futuro. Una vez que estamos plenamente presentes, podemos centrarnos y mejorar el impacto general de nuestra presencia, que puede aumentarse mediante:

Hacer un contacto visual significativo con cada persona presente al entrar en una habitación, acompañado por una cálida sonrisa.

Deja que otros hablen primero, no tengas prisa por hablar. Un momento de silencio permitirá que todas las partes se ajusten a tu presencia. Si la audiencia está inquieta, permíteles asentarse antes de comenzar.

Vuélvase presente cerrando los ojos primero, respire hondo y manténlo durante cinco segundos. Al notar cómo se siente el viento en tu piel, concentratu atención en las diferentes partes del cuerpo, el brazo izquierdo, la pierna izquierda, la pierna derecha y, finalmente, el brazo derecho. Esto devolverá tu atención al presente.

Aquellos con presencia irradian energía, pero ¿de dónde proviene esta energía? Dentro de nosotros tenemos dos fuerzas energéticas primarias que podemos aprovechar para aumentar nuestros niveles de energía reales y percibidos. En primer lugar, extraemos energía de nuestro ser psíquico, el estado de alerta y la preparación de todo nuestro cuerpo, no perdemos esta fuente de energía por el nerviosismo y la duda. En segundo lugar, extraemos energía de nuestro ser individual, con eso nos referimos a nuestra experiencia y personalidades. Cuando nuestras acciones son congruentes con nuestros valores y sentimientos, nuestras acciones son energizadas exponencialmente por nuestro ser individual. Si nos falta motivación, debemos realinear nuestros valores y la situación o tarea en cuestión. En los casos en que nuestros valores no puedan alinearse, o estén en oposición directa a nuestra tarea o curso de acción propuesto, la tarea propuesta debe ser redefinida o rechazada.

PENSAMIENTO SISTEMÁTICO

La forma en que hacemos lo que hacemos para lograr nuestros resultados es un paso más allá de la estrategia estándar y, por lo tanto, se lo denominará pensamiento sistemático. Un aspecto esencial del pensamiento sistemático proviene del reconocimiento de las representaciones internas de nosotros mismos y de los demás. Todos deberíamos ser conscientes de cómo nuestras representaciones internas y nuestra mentalidad se corresponden con nuestros comportamientos externos y los resultados resultantes.

El pensamiento sistemático efectivo surge al combinar un conjunto funcional de habilidades de pensamiento crítico. Mediante el uso de procesos estratégicos, los pensadores sistemáticos pueden predecir, evaluar e influir con éxito en los próximos eventos. Para dar un impulso a nuestras habilidades de pensamiento sistemático, primero debemos discernir y comprender los aspectos separados involucrados y centrarnos en cada uno, antes de finalmente volver a armar todo de una manera que se adapte a nuestros estilos, valores y objetivos individuales. Para poder reconocer las conexiones entre su estado interno, representaciones y comportamientos externos, debes hacerte las siguientes preguntas:

¿Cuál es mi estado actual?

¿Cuáles son mis primeras impresiones del asunto que me ocupa?

¿Cómo los componentes individuales del problema se relacionan conmigo?

¿Cómo han afectado mis conductas el proceso?

¿Cómo ha afectado el proceso mis comportamientos?

¿De qué manera planeo influir en el sistema/situación?

¿Está fallando realmente el proceso actual? En muchos casos, los procesos funcionan extremadamente bien, pero no de la manera que anticipamos.

¿Es mi estado y representaciones internas la causa de algún problema?

¿Es el problema o la situación actual la causa de mi estado interno?

¿Cuál es el valor de esta situación?

¿Se ha tratado este problema o problemas similares en el pasado?

Si es así, ¿cómo se trató?

Nuestro cerebro tiene dos mitades, el hemisferio izquierdo y el hemisferio derecho. Se piensa que cada uno de estos hemisferios controla las facultades mentales opuestas. Nuestros hemisferios izquierdos están a cargo de nuestro pensamiento racional y lógico; mientras que la creatividad se ubica dentro del hemisferio derecho. Cada uno de nosotros naturalmente favorece un estilo particular de pensamiento; algunos de nosotros somos creativos y favorecemos el lado derecho, mientras que otros favorecemos el enfoque más formal del lado izquierdo. Un aspecto importante del pensamiento sistemático es la capacidad de utilizar los lados izquierdo y derecho del cerebro, cambiando rápidamente del pensamiento divergente al convergente para manejar de manera efectiva una determinada situación. Hay varios métodos que pueden ayudarnos a mejorar nuestra capacidad.

Nuevos estímulos

Cada vez que salimos de nuestras zonas de confort o probamos cosas nuevas, nuestras mentes racionales y creativas naturalmente trabajan juntas.Las nuevas situaciones despiertan nuestra mente creativa y, al mismo tiempo, utilizan nuestro pensamiento lógico para evaluar los riesgos y las oportunidades.Todo esto sucede de forma extremadamente rápida y natural.Exponerse a situaciones nuevas y desafiantes es una excelente manera de obligar a tu mente a pensar de nuevas maneras y también puede ser muy divertido.

Presta atención a las nuevas ideas

La inspiración puede venir de cualquier lugar y en cualquier momento, presta atención y recopila las ideas más recientes.Los nuevos conceptos impulsan el cambio, así que anima a tu equipo a mantener un ojo en la innovación y juntos se mantendrán a la vanguardia.

Aumenta tu conocimiento

La experiencia por sí sola no es suficiente para convertirse en expertos en resolver problemas.El conocimiento aumenta nuestro potencial para idear resultados.Una base de conocimientos sólida y una actitud inventiva son los atributos más valiosos.

Interactúa con tantas personas como sea posible (sin perder tu tiempo)

Intercambiar ideas con compañeros es emocionante, una burbuja creativa rodea a los involucrados y la innovación está asegurada.Interactuar con personas de otras industrias puede llevar a nuevas perspectivas, cambios masivos y oportunidades de crear redes.

Acepta tareas y rompecabezas desafiantes como pasatiempo

Dominar un nuevo idioma o instrumento musical es fantástico para hacer uso simultáneo de ambos hemisferios del cerebro.Los rompecabezas y los acertijos también nos alientan a pensar de manera lógica y creativa.

Tómate un tiempo

Es importante que todos en su equipo tomen descanso y se relajen regularmente.Alienta activamente a tu equipo a tomarse un descanso, a menudo cuando las personas regresan de los descansos cortos están llenas de ideas y positividad.

Aprendiendo a pensar sistemáticamente

La comprensión fundamental del pensamiento sistemático no debe considerarse como la comprensión de los sistemas.Es una comprensión de cómo surgen los problemas diarios que todos enfrentamos.

Las dificultades en la resolución de problemas a menudo surgen por no darse cuenta de que los**incidentes no sonaislados**, y se producen en relación el uno al otro.

Cuestiones complejas solo se puede resolver con pensamiento sistemático."Mezclarlos" solo llevará a consecuencias no deseadas, lo que posiblemente empeorará el problema.

Patronesocurren constantemente. Si consideramos que nuestras vidas son una historia, estos patrones regulares serían representados por arcos de historias recurrentes con temas similares. Estos temas arquetípicos se deben ver como un signo de un cambio de comportamiento que se avecina o se requiere.

Busca **puntos de ventaja.**Lograr resultados óptimos a menudo significa actuar dentro de un proceso o sistema, desde un punto que a primera vista puede parecer contrario a la intuición.

Reconoce que la mayoría de los**problemas se resuelven mejor a través de múltiples métodos**y soluciones que trabajan en conjunto.Ignora la tendencia de creer que un problema se puede polarizar alrededor de una sola solución.

Ver todo el sistema como una familia. Los miembros de la familia, aunque estén relacionados, de hecho tienen sus propias vidas y agendas.Las acciones de los miembros de la familia a veces pueden proporcionar resultados inesperados, aunque como grupo están extremadamente cerca.El nivel de complejidad de las interacciones dentro de un sistema, familia o equipo es tal que causarán regularmente resultados que nadie quiere.

Haz el compromiso profundo de aprender a**desarrollar el coraje de equivocarse.**El dominio proviene del análisis de nuestros propios modelos y procesos mentales.

Desarrolla unaforma de pensar a**largo plazo versus a corto plazo**, aprendiendo en el camino a renunciar a la gratificación a corto plazo para la inversión a largo plazo en el éxito.

El pensamiento sistemático no permite el pensamiento oportunista,que a menudo es una decisión arriesgada y emocional.Eso no significa que los pensadores sistemáticos no sean oportunistas, simplemente significa que incluso las oportunidades deben evaluarse adecuadamente.

Pasamos mucho tiempo enfocándonos en la inteligencia de los individuos (este es, de hecho, el problema con la educación hoy en día).**La inteligencia colectiva o social**no se trata del tipo más inteligente de la sala.Un equipo debe girar en torno a la inteligencia colectiva y lo que podemos lograr como colectivo.

Tener una visión

Por lo general, tu visión es una imagen clara de dónde quieres estar, pero el camino para convertir esta visión en realidad está plagado de metas y desafíos más pequeños que superar.Cada objetivo debe representar un punto de referencia en su camino y estos objetivos deben dividirse en objetivos manejables que se puedan completar dentro de un plazo.

Tener una visión puede parecer un poco filosófico, pero en esencia, cuando comunicas tus ideas a otros, tu visión solo requiere dos aspectos.Al presentar tu visión en un entorno profesional, debes manejarte de manera similar a un discurso de ventas, sin embargo, en este caso, la audiencia está formada por superiores y/o compañeros de equipo y lo que usted quiere que compren es su idea y no productos o servicios.Tu visión debe motivarte y también debe tener la capacidad de inspirar a otros a actuar.A medida que describastu visión, se creará una imagen del futuro, un futuro que es mejor para todos y todos lo lograrán juntos siguiendo tu liderazgo.

Además de los dos aspectos principales mencionados anteriormente, cuando comuniques tu visión a otros, querrás que incluya respuestas a lo siguiente:

¿Qué logrará usted/su equipo?

¿La visión tiene valores congruentes?

¿Cómo te afectará a ti/tu equipo a largo plazo?

¿Cuánto tiempo tardará?

¿Qué necesitas para lograr tu visión?

¿Exactamente qué se necesita para tener éxito?

¿Cómo se medirá el éxito?

¿Este éxito causará el fracaso de alguien más?

¿Esta visión contiene soluciones a largo o corto plazo?

Proceso básico de aclaración de resultados

Cada situación es diferente y no todas las reglas se pueden aplicar a todas las circunstancias, pero en términos generales, la viabilidad de tu tarea debe someterse a un proceso de aclaración de los costos, los beneficios y la factibilidad general de cualquier proyecto o tarea.Hay algunas consideraciones básicas que requieren atención antes de compartir tu visión.Siempre vale la pena recordar que en los negocios siempre es mejor "seguir el dinero, no el sueño", lo que significa que debes hacer lo que es rentable y ser flexible con tus sueños.

¿Cómo afectará el resultado a los que me rodean?

Sé ético, nadie quiere tener un efecto negativo en quienes los rodean.En la mayoría de los casos, encontrarás que lo mejor para el equipo también es lo mejor para el individuo.Recomiendo encarecidamente no sacrificar a otros por nada que no sea salvar el negocio o el equipo en su conjunto.Nunca arriesgues la seguridad y el bienestar de otros para obtener ganancias financieras.

¿Será el resultado un activo, gasto o pasivo?

Esta es una pregunta muy importante y muchas ideas no pasarán esta etapa.Este no es un libro sobre educación financiera; sin embargo, es muy importante categorizar cualquier proyecto por sus resultados de las siguientes maneras:

Un**activo**le proveerá a usted, a largo plazo, aumentar el flujo de caja de manera regular o aumentar el valor de los activos existentes.No todos los activos son financieros, un activo puede ser cualquier cosa que continuamente agregue o fortalezca su negocio o equipo.

Por lo general,un**gasto**puede clasificarse junto con los gastos corrientes esenciales y uno de los pagos.Asegúrate de que tus gastos no sean pasivos disfrazados.Una vez que tengas claro que tu gasto es, de hecho, un gasto que debes considerar detenidamente, ¿vale la pena?(lo que sea que pueda ser).

Evitar**responsabilidades.**Los pasivos te cuestan a diario, semanalmente o mensualmente, con poca o ninguna ganancia.Un error común que cometen las personas es asumir que un automóvil es un activo, cuando de hecho, para algunas personas, un automóvil es claramente una responsabilidad que corre por encima de sus posibilidades.Algunas personas toman este ejemplo al extremo y compran automóviles con financiamiento, asegurando que un flujo constante de efectivo dejará sus cuentas en el futuro inmediato.

Beneficios y Costos

Al evaluar los beneficios de un resultado, debemos utilizar nuevamente nuestra agudeza.La evaluación adecuada de los beneficios frente al costo implicará una serie de factores que se afectan mutuamente.

Financiero

Costos a corto plazo vs beneficios a corto plazo.Costos a largo plazo vs beneficios a largo plazo.Costos a corto plazo vs beneficios a largo plazo.

Los costos a largo plazo para los beneficios a corto plazo ni siquiera deberían considerarse.

Escala de tiempo

En primer lugar, ¿está la escala de tiempo bajo mi control?¿La lectura de este resultado demorará otros proyectos?

Procesos actuales

Las acciones emprendidas o las actualizaciones realizadas a los procesos deben preservar los beneficios de sus acciones actuales.Sacrificar la eficiencia en un área para mejorar otra hará que se "duplique" en una fecha posterior.Si la solución a un problema causa otro, esto significa que su solución es defectuosa.Debes volver a la etapa de lluvia de ideas.

Haz una nota mental del acrónimo**SMARTERR**(por sus siglas en inglés)que puede ayudarnos a recordar los fundamentos de la aclaración de resultados.Este es el resultado de ser **Específico, Medible, Alcanzable** y **Racional** dentro de una **Escala de tiempo**.Una vez que se alcanza un resultado, debe**Evaluarse**y**Perfeccionarse**y, finalmente, su éxito debe**Repetirse**.

Sobre entender e influir en otros

¿Alguna vez te has preguntado cómo dos personas pueden tener la misma conversación y cada una tiene ideas diferentes sobre lo que se discutió?A veces experimentamos eventos con otros solo para discutir más tarde sobre lo que realmente sucedió.¿Cómo es esto posible?A lo largo del día, estamos bombardeados con un flujo constante de información y nuestros cerebros están limitados en cuanto a la cantidad de información que puede tomar y observar en cualquier momento.La forma en que seleccionamos la información es en gran medida inconsciente y se basa libremente en nuestro sentido favorito.Por ejemplo, donde un individuo puede recordar más de lo que vio, otro individuo puede recordar más de lo que se dijo.De lo que se recuerda, el significado es creado por el individuo que experimenta los eventos.Cada uno de nosotros procesa la información de una manera única y es importante que entendamos esto si deseamos entender a los demás con éxito.

La mayor parte de la información que encontramos se pierde durante el día o el camino, así que mucho de lo que nos queda es la información que utilizamos para tomar decisiones.Una vez recopilada, la información que recopilamos durante el día se filtra a través de nuestras interpretaciones personales: políticas, culturales, sociales, significados internos y suposiciones.Estas interpretaciones alimentan nuestros procesos de pensamiento que a su vez afectan nuestros estados emocionales.

Para comprender a los demás, debemos aprender a aplicar ingeniería inversa a sus acciones y emociones para discernir su proceso de pensamiento que conduce a su interpretación personal de los eventos e intenciones.Al observar las acciones de otros de esta manera, podemos desarrollar una comprensión más profunda de las creencias personales y los procesos de pensamiento del individuo.

Comunicarse con un individuo a través de sus creencias no es solo una técnica para influenciar.Los beneficios son al menos tres:

Una comprensión más profunda que crea relaciones y confianza más significativas.

Se reduce el riesgo de malas interpretaciones.

Una creencia es probable que inspire a alguien a la acción.

En los negocios

Comprender una organización es muy similar a entender a un individuo.Ahora es algo común que una empresa tenga una lista de valores (que generalmente consiste en palabras de moda).Desde estos valores podemos percibir la forma en que la organización se ve a sí misma y desea que otros la vean.

Hay dos preguntas subliminales que cualquier empresa o persona siempre se pregunta a sí misma al decidir si hacer negocios con una organización determinada:

¿Siento que esto es un buen trato?

¿Me gusta la compañía/persona con la que estoy tratando?

Está en tu objetivo responder ambas preguntas de manera afirmativa antes de que surjan.Para hacer esto, hay varias estrategias y tácticas disponibles para usted, algunas de las cuales funcionan mejor cara a cara y otras son más adecuadas para conversaciones telefónicas o correos electrónicos.

Habilidades de negociación

Una negociación puede definirse como cualquier interacción en la que dos o más partes siguen pautas previamente acordadas para fomentar situaciones de beneficio mutuo.Hay reglas a seguir durante las negociaciones, sin las cuales pronto descendería a la locura.Lo siguiente aumentará enormemente sus posibilidades de éxito durante las negociaciones.

Antes de cualquier negociación, colóquese a un ángulo de su contraparte para no sentarse directamente enfrente de ellos.

Sea claro acerca de lo que es importante.

Discuta la negociación como si fuera un problema compartido.

Durante las negociaciones, asegúrese de avanzar hacia los objetivos, así como de mantenerse alejado de los problemas.

Si alguien le hace una oferta, discútala por completo antes de continuar o considerar tu contraoferta.

Cuando negocie, utilice el cuestionamiento directo como oposición a las declaraciones.

Al final del proceso de negociación, resuma todos los puntos cubiertos y cualquier progreso realizado.Esto asegurará que no haya malas interpretaciones.

Integridad y continuidad

Como individuos, nuestros caracteres y autenticidad se miden en gran medida por nuestra integridad o nuestra integridad percibida.Honrar los compromisos nos hace honestos, confiables y, en última instancia, felices.La integridad es uno de los rasgos más valiosos que un individuo puede desarrollar junto con la inteligencia, la persistencia y la determinación.A veces su integridad será puesta a prueba;estos momentos a menudo resultan ser momentos que definen el carácter y no deben tomarse a la ligera.

La honestidad y la integridad dentro de un equipo producirán resultados consistentes de la más alta calidad.La confianza dentro de un equipo es muy importante;Debes liderar tu equipo con integridad.Ser fiel a tu palabra nunca es más importante que cuando tu equipo se enfrenta a tiempos de cambio.Los líderes y gerentes del equipo pueden querer, a la vez, restringir el flujo de información a su equipo para protegerlos, pero esta estrategia será contraproducente todo el tiempo y su equipo perderá la fe tanto en su integridad como en sus habilidades de liderazgo.

En el mundo de los negocios, la continuidad conduce a la sostenibilidad, por lo tanto, la integridad puede considerarse fundamental para una estrategia eficaz.Los planes de negocios diseñados de manera inteligente están claramente alineados con las políticas comerciales y las estructuras organizativas en el momento de la concepción y los diversos factores se evalúan por orden de importancia.Una vez establecido, el mantenimiento de la continuidad y la integridad de la organización son esenciales para que una empresa pueda superar con éxito las dificultades del mundo empresarial.La debida diligencia y la planificación de una organización ética irán más allá de los problemas de cumplimiento estándar y de salud y seguridad, ya que es éticamente correcto.

Para mantener la integridad de la organización, una empresa debe adoptar un enfoque mixto de modelos y procesos formales e informales que alcancen los estándares legales y los valores de la empresa.Estos valores y procesos deben ser claros, simples y deben encarnar el marco moral colectivo general de los empleados.

Recuerde:siempre es mejor rechazar una tarea que aceptar algo que no puedes entregar a tiempo o en su totalidad.Más allá de simplemente cumplir tu palabra, el hecho de poder cumplir tiene un efecto en quienes le rodean.Por ejemplo:Si planificaras un evento y, 24 horas antes, te enteraras de que habría un bajo nivel de asistencia, en última instancia, sería mejor para usted continuar con el evento.Significaría mucho para las personas que sí asistan y su integridad y continuidad seguirán intactas.

Compenetración

Tener una buena relación con una persona o grupo es tener una comprensión armoniosa de las ideas y los sentimientos y un flujo natural de comunicación entre las personas involucradas. Desarrollar sus habilidades de relación debe considerarse un aprendizaje esencial para cualquier persona que desee tener éxito en el mundo de los negocios.La confianza y el respeto mutuos obtenidos a través de una buena relación conduce a relaciones significativas y duraderas.Ser capaz de comunicarse de manera efectiva es una habilidad muy apreciada y, una vez establecida, una buena relación lo apoyará en sus relaciones personales y comerciales.Hay muchas escuelas de pensamiento dedicadas a obtener y mantener una buena relación con la PNL (Programación Neuro Lingüística) y bloquear las técnicas psicológicas de marketing y publicidad, e incluso a los libretos estándar de "llamadas en frío".

¿Cómo ganamos y mantenemos la relación?Hay muchas cosas que considerar antes de intentar aumentar los niveles actuales de relación.Intentar usar métodos y técnicas para crear una buena relación puede ser muy arriesgado y, si no se realiza correctamente, se puede ver fácilmente, lo que significa que la interacción se presentará como algo artificial.Esto tendrá el efecto contrario al deseado y los niveles de relación disminuirán significativamente.Debe tener confianza y ser competente si desea aplicar las habilidades aprendidas a las interacciones naturales; las mejores interacciones tienen un aire de espontaneidad natural y fluyen fácilmente hacia conclusiones mutuamente beneficiosas.Si tu estilo de comunicación carece de relación, se le considerará aburrido, previsible y hasta grosero.A continuación se presentan algunas técnicas posibles y probadas para la construcción de relaciones.

Simpatía y respiración

Presta atención a los patrones de respiración de las personas con las que estás interactuando, ¿cómo respiran?¿Respiraciones profundas o poco profundas?¿Largo o corto?¿Cómo afecta su patrón de respiración a las pausas en el habla?Los patrones de respiración se pueden ver como el ritmo subyacente de la interacción.

A continuación, hay algunos significados generalizados que se pueden deducir a través del monitoreo de los patrones de respiración de un individuo.Es importante recordar que estas reglas no se aplican en todas las situaciones.Cada persona tiene su propio estilo de comunicación individual, aspectos como las condiciones médicas y los malos hábitos pueden hacer que la lectura exitosa de un individuo sea más un proceso fluido en lugar de una guía rígida.

La respiración superficial puede indicar que una persona se siente nerviosa o incómoda.

La respiración rápida indica miedo, alto estrés o enojo.

Una respiración profunda y rápida o un suspiro forzado indican un aumento del estrés.

Las respiraciones lentas y profundas suelen indicar relajación o concentración.

Una vez que te hayas fijado en el patrón de respiración de alguien, modula gradualmente tu respiración para que coincida con la de ellos y continúa de forma normal. Toma nota del efecto que esto tiene en la interacción. Reflejar (copiar/imitar) el patrón de respiración de un individuo tiene otro beneficio valioso, cuando se aplica correctamente, alguien puede ser llevado a un estado diferente. Una vez sincronizado con el patrón de respiración de alguien, podrás aumentar o disminuir suavemente su propio patrón de respiración, la persona con la que está interactuando seguirá tu ejemplo y aumentará o disminuirá su propio ritmo respiratorio, por lo que se le permitirá calmarse o energizarse.

Postura espejo

Cuidado con postura espejo; es muy fácil de detectar cuando se hace incorrectamente. Si te descubren copiando la postura de alguien, te sentirás bastante tonto. Comienza por prestar más atención a las posturas de las personas en general y comenzarás a notar que las personas coinciden con las posturas de los demás en todas partes.

Copiar los movimientos exactos y la postura de alguien no es necesario. El efecto espejo se puede lograr con algo tan ligero como un movimiento de la mano. Un buen lugar para comenzar es practicar naturalmente tomar un sorbo de su bebida al mismo tiempo que aquellos con quienes estás.

Sincronizar tono y ritmo

El tono de voz rara vez se usa para un efecto completo, pero en realidad una gran cantidad de información se representa a través de nuestro tono, incluso más que las palabras con las que elegimos comunicarnos.

Un ritmo rápido y un tono alto indican que el hablante está tenso, nervioso o incluso asustado.

Un tono neutro y un ritmo lento indican aburrimiento o tristeza.

Un tono y un ritmo ruidosos y erráticos indican excitación y / o enojo.

Un volumen y un tono bajos indican inseguridades.

Un ritmo armonioso y un tono ligero indican felicidad.

Un ritmo constante y el uso adecuado de diferentes tonos indican confianza y competencia.

Cuando te comunicas con alguien, presta especial atención a su tono de voz y trata de discernir su estado de ánimo subyacente actual. Una vez que tengas una idea de su estado emocional, elige un estado deseado. Luego, con sutileza, haz coincidir tu tono y ritmo, continúa para cambiar lentamente su tono y ritmo a fin de llevarlos a un nuevo estado positivo.

Los métodos y técnicas mencionados anteriormente deben practicarse individualmente hasta que nos sean intuitivos. Al principio, estas habilidades no vendrán naturalmente, pero a través de la práctica las internalizarás y podrás aplicarlas de forma naturalsegún la situación.

DESARROLLAR TU EQUIPO

Tu equipo es tu recurso más importante. Sus habilidades y valores únicos contribuirán a los resultados del grupo en formas que a menudo pueden parecer aleatorias. Pero a través del desarrollo propio y en equipo, comenzarás a reconocer los patrones dentro del sistema, percibirás los eventos venideros y conocerá los estilos de comunicación y administración adecuados para influir con éxito en la situación hacia el resultado deseado.

Tu equipo es un activo muy valioso y al invertir tu tiempo y comprensión en ellos, tanto individualmente como en conjunto, no solo crecerás como líder, sino que también maximizarás el potencial del equipo. Al aprovechar las habilidades individuales del equipo de la manera correcta, puedes optimizar todo el proceso. Por ejemplo, en un entorno de ventas por teléfono, es posible que tengas un "abridor" experimentado que llame a los clientes y los presente a la empresa, que luego transferirá el cliente a un miembro del equipo con mayor experiencia en el cierre de la venta.

No te irrites ni te pongas demasiado agresivo, esto molestará a todos en todo momento. Es muy posible que tengas razón, pero al igual que con las Leyes de la física de Newton (cualquier acción tendrá una reacción igual y opuesta), si presionas te presionarán de vuelta, tanto los miembros del equipo, como los superiores y los clientes.

Para gestionar con éxito el desarrollo individual y grupal de tu equipo, debes conocer cómo encaja cada persona, qué ofrece y cómo utilizarla de la mejor manera. Antes de comenzar cualquier tarea de grupo, un líder debe hacerse las siguientes preguntas:

¿Podemos lograr esta tarea?

¿Qué recursos necesitamos para completar la tarea?

¿Qué recursos tenemos ya?

¿Cuáles son nuestras fortalezas en este campo?

¿Cuáles son nuestras debilidades?

Como líder, ¿qué estilo de liderazgo debo emplear para completar mejor esta tarea?

Recuerda: Desarrolla, adapta y aplica.

Recuerda: como líder, sabes que estás trabajando bien cuando nadie se da cuenta de que existes.

Las siete etapas

Hay siete etapas principales por las que un equipo deberá cruzar en su camino hacia una meta o tarea grupal. Podemos tratar de acortar este proceso y "saltar" etapas, pero la experiencia nos enseñará que si lo hacemos seremos eventualmente obligados a regresar a una de ellas después. Cada una de las siete etapas plantea sus propios problemas; estos se manejan manteniendo una línea abierta de comunicación y retroalimentación entre todo el equipo. Cada etapa dicta que un líder haga ciertas preguntas a su equipo para medir el progreso. Es responsabilidad del líder liderar a su equipo a través de las siete etapas dando el primer paso. Esto deja a un líder vulnerable a cometer errores. Asegúrate de que estos errores no se conviertan en errores al abordarlos en ese momento.

La primera etapa de cualquier proyecto es la **orientación**. En este punto, un líder describe la situación actual: cómo llegamos aquí, la identidad del equipo, el propósito y los valores. La etapa de orientación es importante ya que establece la dirección general y los requisitos del equipo.

La segunda etapa, **Concepción o Lluvia de ideas**,apela a la franqueza del equipo en su conjunto. Un equipo que trabaja desde una base de respeto mutuo aportará innumerables ideas a la mesa. Si se ignora la fase de lluvia de ideas, el equipo será incierto y estará desorientado o peor, temeroso y desconfiado.

Cuando se **delinean los objetivos** y se aclaran los objetivos, el objetivo es establecer claramente qué se requiere y por quién, tus objetivos integrados y la visión que el equipo comparte como un todo. Si los roles y objetivos individuales no se aclaran con el resto del equipo, esto podría hacer que las personas se muestren escépticas con respecto a la tarea en su totalidad, lo que significa que en una fecha posterior se debe regresar a esta etapa para obtener una explicación detallada.

La fase de **compromiso** es la etapa final en el desarrollo de la tarea en cuestión. Ahora todos tienen objetivos claros y medibles, se han tomado decisiones y ahora el equipo está listo para actuar. Si no se resuelve, la fase de compromiso será contraproducente y algunos miembros del equipo se resistirán al plan en su totalidad. Otros pueden estar de acuerdo con el plan, pero dependerán de otros para hacer el trabajo duro.

A lo largo de la etapa de **implementación**, es responsabilidad del líder asegurarse de que todos hagan lo que deben hacer cuando sea el momento. Esto se hace delineando procesos claros que se alinean con las habilidades y valores del equipo. De lo contrario, se perderán los plazos, y llevaráa conflictos y la confusión.

La etapa de **acción** es donde todo se junta. Si has realizados las debidas diligencias en las etapas anteriores, la etapa de acción será fluida y exitosa. La ubicación adecuada y la sinergia de su equipo traerán espontaneidad y sus objetivos serán superados una y otra vez. Ten cuidado de no sobrecargar a tu equipo, esto puede llevar al éxito al principio pero causará problemas en el futuro.

El **análisis** es esencial si queremos continuar siendo exitosos. La celebración de nuestras victorias y el reconocimiento de lo que hemos aprendido nos proporcionarán poder y motivación para la próxima tarea. El análisis también funciona para refinar nuestras estrategias al diseccionar lo que hemos hecho anteriormente para reconocer en detalle qué funciona mejor y dónde. El reconocimiento y los elogios deben ser abundantes en esta etapa, ya que esto desviará el aburrimiento y el agotamiento.

Las siete etapas ocurren naturalmente y al reconocerlas y explorarlas podemos usar estas etapas como indicadores de nuestro progreso. Conocer las siete etapas nos permite rastrear los problemas hasta su origen y tratarlos de manera efectiva. Presta el debido respeto a las siete etapas, ellas no se deben evitar.

Si tu equipo está pasando por un momento difícil, lo primero que debe hacer es consultar las siete etapas y determinar la etapa actual en la que se encuentra su equipo. En segundo lugar, debe reconocer y volver sobre sus pasos hasta que se identifique la causa subyacente. Como se mencionó anteriormente, un problema subyacente tendrá poco que ver con cualquier individuo, pero puede abarcar al grupo como un todo.